KATJA ZIMMERMANN

Zuerst geliebt

WENN GOTT DIR EIN SOLO SCHENKT

KATJA ZIMMERMANN

Zuerst geliebt

WENN GOTT DIR EIN SOLO SCHENKT

neukirchener

Dieses Buch möchte ich
all meinen wunderbaren und schönen
Single-Freundinnen widmen, die mit mir Leben teilen,
egal durch welche Höhen oder Tiefen
es gerade auch geht.

Und ich möchte es dir widmen,
wenn du diese Zeilen liest,
und dir sagen, dass du nicht vergessen,
nicht übersehen wurdest,
und dass du wertvoll und geliebt bist.
Jesus sieht dich und möchte dich mit neuer
Freude und Zufriedenheit segnen.

Bist du bereit?

INHALT

INTRO

„Ich bin Single."
Dieser Satz kostete mich früher mein ganzes Selbstvertrauen.
Einfach zu bekennen, dass ich eben nicht vergeben und auch noch nicht verheiratet war.
Gar nicht so schlimm, oder?
Doch!
Für mich war dieses Bekenntnis deshalb schlimm, weil ich glaubte, dass diese Worte etwas über meinen Wert aussagen würden.
Über meinen Marktwert quasi.
Denn wenn etwas noch zu haben, also noch auf dem Markt ist, noch im Regal steht, einfach nicht gekauft wird, dann scheint es nicht wertvoll genug zu sein, dass es jemand mit nach Hause nimmt.
Das war mein Stempel. Von mir selber aufgedrückt.
Und vielleicht auch ein wenig von der Gesellschaft so gesehen: nicht wertvoll, nicht schön, nicht interessant genug, um ausgewählt zu werden.

Deshalb gab es für mich nichts Schlimmeres als diesen einen Brauch bei Hochzeiten. Ich habe ihn gehasst, ich habe ihn gefürchtet und, wenn es ging, ihn vermieden, mich mit Händen und Füßen gesträubt, um ja nicht bloßgestellt zu werden.

DER WURF DES BRAUTSTRAUßES

Nach dieser Tradition versammeln sich alle noch nicht verheirateten weiblichen Gäste der Hochzeitsgesellschaft an einer Stelle. Dann wirft die Braut rückwärts den Brautstrauß und die Tradition besagt, dass diejenige, die den Strauß fängt, als nächstes heiraten wird.
Was ich darin sah, war keine Tradition, kein Spaß, kein Gefallen, den ich der Braut tat. Was ich sah, war die reine Folter. Ich sah, dass ich als Single bloßgestellt wurde, weil jeder allein durch die Tatsache, dass ich da stand – inmitten all der unverheirateten Frauen –, erkennen konnte, dass ich noch keinen abgekriegt hatte. Dass ich ein Ladenhüter war.
Und diese Blöße wollte ich mir nicht geben.
Deshalb verweigerte ich die Teilnahme an dieser Tradition. Ein paar Jahre und einige Hochzeiten später entschied ich mich dafür, dass es mir ab jetzt egal wäre, was andere dachten. Dass es mir egal wäre, ob sich andere wunderten, warum ich bisher keinen Mann abgekriegt hatte und ob etwas mit mir nicht stimmte. Ich hatte mehr und mehr gelernt, zu mir und meinem Leben als „Solistin" zu stehen.
Und ich beschloss: Ab der nächsten Hochzeit mache ich einfach mit!
Spannend fand ich, dass ich ab diesem Zeitpunkt, als ich entschied, dass mir die Gedanken der anderen nichts mehr ausmachten, auf keiner Hochzeit mehr ein Brautstraußwerfen erlebte. Und das über mehrere Jahre hinweg.

Letztes Jahr war ich das erste Mal Trauzeugin. Daher wusste ich, dass die Braut die bekannte Tradition auf ihrer Hochzeit nicht auslassen wollte. Zum ersten Mal kam also die Chance, mit meinem erneuerten und verbesserten Selbstbild in der Gruppe anderer unverheirateter Frauen dazuzustehen, dass ich genau das war: unverheiratet.

Dieses Mal war ich als Trauzeugin sogar dafür verantwortlich, vor dem Wurf alle Single-Ladys zusammenzutrommeln, damit nicht nur drei Frauen dastanden. Und es war spannend zu sehen, wie manche reagierten – nämlich genauso, wie ich es noch vor Jahren getan hatte: schamerfüllt und mit dem Willen, sich bis zum bitteren Ende dagegen zu sträuben, vor aller Welt als Single geoutet und blamiert zu werden. Ich konnte das so gut nachvollziehen und musste innerlich über mich selber schmunzeln, da ich jetzt irgendwie auf der anderen Seite stand. Auf der Seite der Ermutigerin, die versuchte, die anderen zu überreden, einfach dazuzustehen. Was mir im Übrigen bei einer Frau nicht gelang.

Und wie war es jetzt, in der Runde zu stehen, gebannt auf die Braut zu schauen, den Moment des Wurfes abzuwarten …? Es ging total schnell und schon war es auch wieder vorbei. Eine der Ladys, die wir anderen bewusst schon nach vorne gedrängt hatten, weil sie eh im nächsten Jahr heiraten würde, fing den Strauß und der Spaß war vorüber – kaum von der Hochzeitsgesellschaft beachtet, die sich über das gesamte Grundstück, auf dem gefeiert wurde, verteilt hatte. Und war es so schlimm, wie ich es in Erinnerung gehabt hatte? Nein, absolut nicht.

Glaube ich an diese Tradition und daran, dass die Fängerin des Straußes als nächstes heiraten wird? Nein. Für mich ist das Aberglaube. Und die Vergangenheit hält genug Gegenbeweise bereit.

Am Ende ist meine Teilnahme einfach eine nette Geste der Braut gegenüber und kein Grund, vor Scham im Erdboden zu versinken. Für mich war dieses erste Mal nach langer Zeit vor allem eins: der Moment, in dem ich zu mir stehen konnte und dazu, wer ich bin – eine Frau, die ihr Leben genießt und die Gaben einsetzt, die Gott ihr mitgegeben hat. Eine Frau, die weiß, wer sie ist, und die sich selbst genau so liebt!

geliebt,
gesehen,
genug!

OFT GLAUBTE ICH DER LÜGE MEHR ALS DEINER WAHRHEIT.

Sie klang so logisch und so real.
Aber je mehr ich zuhörte und je mehr ich glaubte, desto trauriger und leerer wurde mein Herz.
Ich füllte es mit der Lüge, dass ich alleine nicht genug bin, dass mir etwas fehlt, um ganz zu sein.
Ich glaubte den Sätzen, die sie über mich aussprachen, und den Stimmen in mir, die mir sagten, dass es wohl an mir liegen muss.
Ich bin nicht genug, ich bin es nicht wert, ich habe nichts zu bieten und an Schönheit fehlt es wohl auch.
Es muss an mir liegen.
Lüge über Lüge türmte sich in meinem Inneren auf und baute eine Burg, eine Festung.
Sie wurde immer höher, immer stärker und verschloss mein Herz.
Wovor?
Vor der Wahrheit.
Vor der Wahrheit, dass ich genug bin, dass ich gesehen und geliebt werde, und dass ich alleine schon hundert Prozent bin, und mir niemand fehlt, um vollständig zu sein.
Und je mehr Wahrheiten ich über mir ausspreche und dich über mich aussprechen lasse, desto kleiner wird die Festung in mir.

Mit jeder Wahrheit bröckelt das Gebäude, Risse bilden sich und ein Licht scheint, durch die lange undurchdringlich geglaubten Mauern hindurch. Am Ende wird nichts übrig bleiben als Trümmer, auf denen ich stehen werde. Mit siegreich erhobenen Händen, die sich dem Himmel entgegenstrecken, und einem Mund, der die Wahrheit in die Welt hinausruft:

Ich bin genug!
Ich bin es wert!
Ich bin geliebt!

Und keine Lüge dieser Welt wird das je wieder ändern können.
Diese Wahrheit, diese Tatsache, habe ich mir in mein Herz eingravieren lassen. Dort bleibt sie für immer - beständig, fest, unumstößlich, ewig und wahr.

DAS EINZIGARTIGE AN DIESER LIEBE IST:
NICHT WIR HABEN GOTT GELIEBT, SONDERN ER HAT UNS SEINE LIEBE GESCHENKT (...)
WIR HABEN ERKANNT, DASS GOTT UNS LIEBT, UND WIR VERTRAUEN FEST AUF DIESE LIEBE.
GOTT IST LIEBE, UND WER IN DIESER LIEBE BLEIBT, DER BLEIBT IN GOTT UND GOTT IN IHM.

1. JOHANNES 4,10.16 HFA

ZUERST GELIEBT

Eine Online-Partnerschaftsvermittlung wirbt damit, dass sich auf ihrer Plattform alle paar Minuten ein Single verliebt. Und genau das ist das Problem. Dass sich eben nur einer verliebt. Was ist, wenn der andere sich nicht verliebt?
So viele Jahre meines Lebens habe ich mich danach gesehnt, dass meine Liebe endlich mal auf Gegenliebe trifft. Wer möchte das nicht gerne erleben? Von einem anderen Menschen gesehen, geliebt und ausgewählt zu werden. Am besten sogar zuerst. Das gibt uns so ein besonderes Gefühl: das Gefühl, es wert zu sein. Und wenn jemand mich zuerst liebt, dann fällt es mir auch viel leichter, ihn zurückzulieben.
Wenn aber ich es bin, die zuerst liebt, dann ist das mit einem gewissen Risiko verbunden, denn ich weiß nicht, ob meine Liebe auch auf Gegenliebe trifft. Es kann passieren, dass meine Liebe abgelehnt wird.

Ich kenne deine Geschichte mit der Liebe nicht. In meiner war es leider allzu oft so, dass ich mich in jemanden verliebt habe, der diese Liebe nicht erwiderte. Oft habe ich lange gewartet, bevor ich mich traute, dem anderen von meinen Gefühlen zu erzählen. Zum einen weil ich natürlich mega Schiss hatte, wie er wohl reagieren würde, aber auch weil ich mir so sehr wünschte, dass ich nur einmal wenigstens zuerst gesehen und geliebt werde.

Jeder von uns möchte doch geliebt werden. Und wenn man öfter erlebt, dass man diejenige ist, die zuerst geliebt hat, aber dann nicht zurückgeliebt wird, ist das enttäuschend.
Weil meine Gefühle auf meine Offenbarung hin nicht erwidert wurden und ich immer wieder Ablehnung von Männern erlebte, verstärkte sich mein Eindruck, dass ich es nicht wert bin, dass ich nicht genug bin. Und irgendwann dachte ich, es müsste an mir liegen.
Schon eine einzige Ablehnung kann ein Herz zerbrechen lassen. Aber gleich mehrere davon können ihm großen Schaden zufügen. Das macht etwas mit einem. Man wird misstrauisch, man schützt sein Herz, man macht dicht, damit man bloß nicht wieder verletzt wird.

Einmal saß ich im Gottesdienst und es ging um die Bibelstelle 1. Johannes 4,19: „Wir lieben, weil Gott uns zuerst geliebt hat." (HfA) Und plötzlich wurde mir etwas zum ersten Mal ganz klar:
Egal wie viele Männer mich nicht so geliebt haben, wie ich sie – Jesus liebt mich nicht nur, er hat mich sogar ZUERST GELIEBT! Und das auf die Gefahr hin, dass ich ihn nicht im gleichen Maß zurückliebe.
Mir wurde klar, dass das, wonach ich mich die ganze Zeit gesehnt hatte – nämlich dass MICH endlich mal jemand zuerst liebt und sich wünscht, dass ich ihn zurückliebe, schon immer in meinem Leben war.
ER hat mich zuerst gesehen. Noch bevor es mich überhaupt gab oder bevor mich irgendein Mann auf dieser Welt als Frau wahrnehmen konnte. Ich bin gewollt. Ich bin es wert, ausgewählt zu werden!
Wie oft hatte ich angefangen, mich für jemanden zu interessieren, hatte quasi zuerst geliebt, und die

Liebe war nicht erwidert worden, wie ich es erhofft hatte?
Bei Gott ist das anders. Bei ihm ist es tatsächlich mal anders herum – denn ER hat MICH zuerst gesehen, MICH zuerst erwählt, er hat mich ZUERST GELIEBT. Noch bevor ich ihn sah, noch bevor ich ihn kannte. Und auf diese Liebe, die mir einfach so geschenkt wird, will ich reagieren. Bei Jesus kann ich mich trauen zurückzulieben, denn seine Liebe wird mir nicht irgendwann wieder genommen. Sie bleibt, weil er bleibt. Deshalb darfst auch du dich bei ihm fallen lassen, seine Liebe zulassen, dich öffnen, annehmen. Egal wie oft du enttäuscht oder verletzt wurdest. Ohne Angst, was dann passiert, ohne Zweifel, ob deine Liebe erwidert wird. Bei ihm darfst du ankommen. Du darfst die Suche nach der perfekten und bedingungslosen Liebe aufgeben, weil du in Jesus schon gefunden hast, was dir ein Mensch niemals bieten könnte.
Vielleicht ist deine Geschichte eine andere als meine und du hast nicht erlebt, dass deine Liebe nie auf Gegenliebe stieß. Vielleicht musstest du dich stattdessen verbiegen, um die Liebe zu bekommen, die du wolltest. Vielleicht konntest du nie du selber sein und warst nie ganz sicher, ob du um deiner selbst willen geliebt wurdest oder weil du so perfekt die Erwartungen des anderen erfüllt hast. Wie auch immer deine Geschichte ist, die perfekte Liebe deines himmlischen Vaters treibt alle Angst aus. Bring deine Angst, dich für Liebe zu öffnen, zu ihm. Stell sie unter seine Herrschaft, leg sie ab vor seinem Thron. Und dann lass dich in den Arm nehmen und mit seiner Liebe beschenken. Er wünscht sich, dass du sie annimmst, denn er hat dich ZUERST GELIEBT.

WIRKLICHE LIEBE IST FREI VON ANGST.
JA, WENN GOTTES VOLLKOMMENE
LIEBE UNS ERFÜLLT,
VERTREIBT SIE SOGAR DIE ANGST. (...)
WIR LIEBEN, WEIL GOTT UNS
ZUERST GELIEBT HAT.

1. JOHANNES 4,18–19

Liebesbrief

Ich sage dir: „Ich liebe dich“,
auch wenn es für dich kitschig klingt.
All mein Bestes will ich nur für dich,
und sag noch mal: „Ich liebe dich.“
Alles das, was dir noch fehlt,
alles, was dich lang schon quält,
gib’s nur her, ich trag dich gern.
Lass los, ich mach dich schwerelos.
Schwing deine Tür weit auf, lass mich herein,
ich will die Liebe deines Lebens sein.
All deine Angst, bring sie zu mir.
Vertrau mir, denn ich bin bei dir.
Vertrau mir.
Vertrau mir.
Vertrau mir.
Ich bin hier.
Ich halte dich.
Ich liebe dich.
Alles, was du dir gewünscht hast, such’s bei mir.
Du brauchst mich nicht zu suchen – ich bin hier, ganz nah bei dir.
Das ist alles, was ich jemals will, mein Kind, werd still.
Ich hab dich so, so lieb!!!
Und wenn es dir kein Mensch nur jemals auf dein Herze schrieb, so will ich’s dir sagen tausendmal, tausendmal,
wie wunderschön ich dich find und wie stolz ich auf dich bin.

Und auf mich, weil ich dich so wunderschön gemacht habe.
So wie dich hab ich sonst niemanden hingekriegt.
Du bist mein Meisterwerk, mein Einzelstück.
Und all das sag ich dir, weil ich dich liebe.
Du Liebe meines Lebens, Herz und Wunschkind.
Lass es zu, dass ich dich liebe, so wie ich's tu.
Das kann nur ich.
Drum komm zur Ruh mit all der Last.
Komm lass es zu, dass ich sie trag, weil ich es kann, und weil ich's will.
Denn was ich will, bist du.
Von Anfang an, mein Herzenskind.
Ich liebe dich!
Ich liebe dich!
Ich freu mich so, o ich freu mich so, weil ich's schon seh, weil ich es weiß.
Drum komm zur Ruh, und lass es zu,
Dass ich dich liebe!
Dass ich dir gebe, was du brauchst.
Lass es zu, dass du mir vertraust,
dass du dein Leben auf mir baust.
Meine Stärke geb ich dir und was du brauchst,
damit wächst, was ich schon seh.
Ich freu mich so.
O ich freu mich so.
Und nun lass los und geh!
Ich gehe mit.
Ich mach dich frei.
Ich liebe dich. Ich liebe dich.

DER GOTT, DER MICH SIEHT

Eine meiner eindrücklichsten Kindheitserinnerungen ist ein Urlaub in Österreich mit meinen Eltern und meiner Schwester, als ich sechs Jahre alt war. Eines Tages gingen wir im Ort in eine Bank. Ich weiß nicht mehr genau, wie es passiert ist, aber plötzlich war ich allein. Ich sah niemanden mehr. Weder meine Eltern noch meine Schwester. Panik stieg in mir auf und ich überlegte, was ich tun konnte. Als ich mich noch einmal verzweifelt in dem Raum umsah, in dem wir gerade noch alle gemeinsam gestanden hatten, und kein bekanntes Gesicht entdeckte, fasste ich einen Entschluss: Ich musste zu unserer Ferienwohnung zurückgehen. Das war die einzige Lösung, die mir in dem Moment einfiel. Denn wo auch immer meine Familie gerade war, irgendwann würden sie wieder dorthin zurückkehren und mich dort finden. Gedacht, getan.

Ich ging aus dem Gebäude und lief zu der Unterführung, durch die wir gekommen waren. Das Problem war nur, dass es in der Unterführung mehrere Wege gab und ich mir plötzlich nicht mehr sicher war, welcher zur Ferienwohnung führte. Heute würde ich das einfach ausprobieren. Aber das panische Gehirn einer Sechsjährigen funktionierte eben anders. Und so tat ich, was wohl nur ein Kind in einem solchen Moment tun würde: Ich lief nicht durch die Unterführung, sondern nahm den Weg, den ich sehen konnte und von dem ich genau wusste, dass er

mich zum Ziel führte. Dass dieser Weg gleichzeitig der gefährlichste war, hatte ich nicht bedacht. Die Unterführung diente nämlich dazu, den Fußgängern einen sicheren Weg unter einer vielbefahrenen Schnellstraße zu ermöglichen. Wenn ich so zurückblicke wird mir total klar, dass der Weg, für den ich mich entschieden hatte, mein Tod hätte sein können. Als Sechsjährige eine so große Straße zu überqueren, war eine ziemlich dumme Idee. Aber ich sah in dem Moment keine Alternative, weil ich den richtigen Weg nicht verpassen wollte. So überquerte ich die große Straße, kam (Gott sei Dank!) unbeschadet auf der anderen Seite an und fand den Weg zurück zu unserer Ferienwohnung.
Ich wartete eine ganze Zeit lang voller ängstlicher Gedanken in meinem kleinen Kopf vor der Tür, da ich keinen Schlüssel hatte. Und als meine Familie endlich kam, war die Begegnung tränenreich und voller Erleichterung.

Natürlich gibt es zu dieser Geschichte auch die andere Seite, die meiner Eltern, die durchaus noch im selben Raum gewesen waren – nur nicht mehr direkt neben mir. Ich hätte sie theoretisch sehen können. Sie sahen mich. Aber von einem auf den anderen Moment war ich verschwunden, weil ich sie nicht mehr gesehen hatte.

Wie oft geht es uns so mit Gott? Ich bin überzeugt davon, dass er uns immer sieht. Nur wir sehen ihn nicht immer. Im einen Moment sehen wir ihn, erleben etwas mit ihm, spüren ihn. Und im nächsten Moment fühlt es sich so an, als hätte er den Raum verlassen. Dabei ist er immer noch da. Vielleicht nur nicht so sichtbar wie zuvor.

Anstatt einfach entspannt an dem Ort zu bleiben, an dem wir gerade waren, und zu vertrauen, dass er noch da ist und wir gesehen werden, geraten wir in Panik und laufen weg. Wie gut, dass Gott weiß, wohin wir rennen, und dass er auch auf dem Weg über gefährliche große Straßen an unserer Seite ist und auf uns aufpasst, selbst wenn wir uns mal verlaufen.

Wenn du ihn aus dem Blick verloren hast und nicht weißt, was du tun sollst, und nicht einfach nur stehen bleiben kannst, dann mach es doch so wie ich damals: Geh zurück an den Ort, an dem du ihn das letzte Mal gesehen und gespürt hast und warte darauf, dass er zu dir kommt.

JESUS UND ICH

„Ich habe dich nicht vergessen."

Jesus sah mir tief in die Augen. Seinem Blick, der so eindringlich war, konnte ich fast nicht standhalten. Aber ich versuchte es, weil ich mir sicher sein wollte. Ich wollte in seinen Augen die Wahrheit erkennen. Ich wollte sehen, ob er meinte, was er sagte.
„O Mann, du machst mich fertig, Jesus!" Ich musste lachen. Irgendwie hatte ich es geschafft, mich mal wieder in all den Gedanken zu verstricken, die mir weismachen wollten, dass ich vergessen worden war. Und dann stand mir Jesus gegenüber und ein einziger Blick in seine Augen verriet mir, dass alles Lüge gewesen war. Er sah mich. Nicht nur in diesem Moment. Er sah mich jede einzelne Sekunde meines Lebens. Die, die schon hinter mir lagen, und die, die noch kommen würden.
Er sah mich.
„Du weißt doch, was es bedeutet, wenn ich dir sage, dass ich dich sehe, oder?", fragte er mich. Ja, eigentlich wusste ich das. Ich durfte es nur nicht wieder vergessen. Ich musste mich immer wieder daran erinnern, was es bedeutet, von ihm gesehen zu werden. Denn es bedeutet, dass er mich wirklich sieht, mich durch und durch kennt und ebenso sehr liebt.
Er liebte mich.

Und diese Liebe übersah nicht.
Niemanden.
Mich eingeschlossen.
Und schon fand ich mich in seiner Umarmung wieder. Er drückte mich fest an sich und ich konnte seine Liebe nicht nur erkennen, sondern auch spüren. Er war da, an meiner Seite. Er sah mich, wusste, was ich brauche, und er zeigte mir, dass ich genug war.
Ich war genug.
Und zwar weil ich mit ihm schon alles hatte, was ich brauchte. Ich musste nicht erst nachweisen, dass ich es wert war. Ich musste nicht erst erreichen, was ich mein Leben lang hatte erreichen wollen: Mann und Kinder, Familie … Nein, auch ohne all das war ich genug. Mit allem, was bereits in mir war. Und mit allem, was ich zu geben hatte. Ich war und bin geliebtes, gesehenes Kind Gottes, das genug ist, und zwar vom ersten Tag an!
Das war ich, das bin ich, und das werde ich immer sein.

Geliebt.
Gesehen.
Genug!

bereit

BIST DU BEREIT?

„JAA!“, wirst du jetzt vermutlich laut ausrufen. Nach all der Zeit, die vergangen ist, und nach all dem Warten geht es nicht anders, als dass du der Welt so laut wie möglich mitteilst, dass du bereit bist.
Ich verstehe dein lautes Ja. Ich habe es selbst schon so oft ausgesprochen. Aber ich will bei dieser Frage, ob du bereit bist, noch ein bisschen tiefer graben. Denn es geht nicht nur darum, ob du bereit bist, endlich einen Partner zu haben. Auch nicht darum, ob du bereit bist, endlich zu heiraten, ein tolles Brautkleid auszusuchen, die Flitterwochen zu planen und den Caterer für das große Fest zu buchen.
Es geht in Wirklichkeit um die Konsequenzen, die dieses Ja mit sich bringt. Ich vermute, du wusstest es schon: Partnerschaft und Ehe bestehen nicht nur aus den schönen, glänzenden und einfachen Momenten. Es gibt auch Momente und Zeiten, die lästig sind, die keinen Spaß machen, die Arbeit bedeuten. Die vielleicht Opfer verlangen. Und zwar von dir. Bist du dazu bereit?
In guten wie in schlechten Zeiten, heißt es. Bist du auch dann bereit, wenn die schlechten Zeiten länger andauern, als du dachtest? Wenn du an deinem Gegenüber immer mehr Seiten entdeckst, die zu Anfang eurer Beziehung noch nicht sichtbar waren? Bist du bereit zu lieben, egal was kommt? Zu dienen, egal was kommt? Zu unterstützen, egal was kommt? Bist du bereit, deinen Egoismus an den Nagel zu

hängen, deine eigenen Ideen und Bedürfnisse zurückzustellen für den anderen? Nicht immer nur nach deinem eigenen Kopf zu gehen, sondern gemeinsam, einmütig, auf ein Ziel zu?

Ich sitze in einem Café am Strand. Himmlisch. Ich liebe das Meer und die Luft und was es mit meinem Inneren macht, wenn ich dort bin. Es gibt mir so ein Gefühl von Freiheit. Stress wird weggepustet, Leichtigkeit kehrt ein.
Am Nachbartisch sitzt ein älteres Paar. Er sitzt in einem Rollstuhl. Da ich die beiden nicht kenne, weiß ich nicht, ob er schon immer in dem Rollstuhl saß oder erst seit Kurzem. Ich weiß nicht, ob er eine Krankheit hat, ob es etwas Langwierigeres ist oder nur vorübergehend. Aber er sitzt jetzt in diesem Moment in dem Rollstuhl und seine Frau an seiner Seite. Sie kümmert sich um ihn, organisiert die Getränke und schiebt ihn weiter, als sie fertig sind.

Was für ein Leben ist das wohl, wenn man sich so intensiv um jemanden kümmern muss? Ich muss mich nur um mich selbst kümmern. Ich muss nur für mich allein schauen, dass ich etwas zu essen da habe, dass meine Wohnung aufgeräumt ist, dass mein Job gemacht wird. Ich bin nur für mich allein verantwortlich. Natürlich investiere ich mich auch in andere. Aber das ist etwas anderes, als sich dauerhaft um ein Familienmitglied zu kümmern. Eigentlich genieße ich wirklich eine große Freiheit, wenn ich es ganz genau betrachte. Und in gewisser Hinsicht hat man es allein oft leichter. Denn wenn man zu zweit ist, können sich nicht nur die schönen Dinge, sondern auch die Probleme und die Kämpfe verdoppeln.

Und jetzt stelle ich dir die Frage noch einmal:
Bist du bereit?
Vielleicht verunsichert dich diese Frage und du denkst: Meine Güte, ich weiß gar nicht, ob ich wirklich bereit bin. Vielleicht fragst du dich: Muss ich diese Frage womöglich mit Nein beantworten? Und bedeutet das dann etwa, dass ich nie bereit sein werde? Dann ist das genau der Moment, in dem ich dich gerne ermutigen möchte. Ich stelle mir gerade vor, wie du mir jetzt nervös gegenübersitzt und mich nach diesem vielleicht eher negativen Bild von Ehe fragst, ob denn jetzt auch noch eine gute Nachricht kommt. Ja klar! Was ich hier beschrieben habe, ist nur ein Teil der Realität. Eine Seite der Medaille. So kann Ehe aussehen. Natürlich gehören auch die ganzen wunderbaren Aspekte einer Beziehung dazu, die wir uns in unseren Tagträumen so oft ausmalen. Aber die kennen wir ja schon. Wir erwarten sie und wir freuen uns darauf. All das andere blenden wir oft aus, wenn wir uns die Zukunft ausmalen. Deshalb erwähne ich es hier.

Von meinem Platz im Café mit Blick auf das Meer beobachte ich noch eine weitere Szene:
Eine kleine Gruppe Teeniemädels kommt den Strand entlang. Sie schieben einen Einkaufswagen vor sich her. Zwei setzen sich rein, die anderen geben Schwung – und los geht's. Der Wagen saust über den Steg Richtung Meer, erreicht nach einer schnellen, kurzen Fahrt den Rand des Stegs und kippt um. Die beiden Mädels fallen raus und alle lachen. Eine der Anschieberinnen wirft sich sogar prustend zu Boden. Sie lachen. Sie genießen. Sie sind frei, wild und unbeschwert. Wow, ich muss auch lachen. Wie schön ist das anzusehen!

Gemeinsam hinfallen, gemeinsam aufstehen - Menschen in unserem Leben zu haben, die genau das mit uns tun, sind ein Segen. Und wir können auch für andere genau dieser Mensch sein, der anschiebt, mitlacht, wenn es schiefgeht, und dann aufhilft, wenn der andere nicht mehr alleine hochkommt. Auch das wird eine deiner Aufgaben sein, wenn du in einer Beziehung, einer Ehe lebst.
So ein kleiner Realitätscheck tut machmal ganz gut. Nicht um abzuschrecken, sondern um uns bewusst zu werden, dass wir Jesus ganz eindeutig an unserer Seite brauchen bei allem, was das Leben so für uns bereithalten könnte. Und wir sollten bereit sein, ihn an die erste Stelle zu setzen, um uns von ihm leiten zu lassen. Nicht nur in unserem heutigen Leben, sondern auch in einer zukünftigen Beziehung sollte er den ersten Platz einnehmen. Denn dann müssen wir die Frage ob wir bereit sind, gar nicht alleine beantworten. Wir können Jesus darum bitten, dass er uns hilft, bereit zu werden. Ich glaube tatsächlich, dass alle Kochkurse, Singleseminare und Trainingseinheiten im Fitnessstudio uns am Ende niemals so gut auf das vorbereiten können, was noch kommen wird, wie er.

GOTT ABER KANN VIEL MEHR TUN, ALS WIR JEMALS VON IHM ERBITTEN ODER UNS AUCH NUR VORSTELLEN KÖNNEN. SO GROß IST SEINE KRAFT, DIE IN UNS WIRKT.

EPHESER 3,20 HFA

Wenn wir den Heiligen Geist mit ins Boot holen und ihn fragen, welche Bereiche unseres Lebens noch nicht „bereit" sind, ist das die beste Vorbereitung überhaupt. Er kann uns die Stellen in unseren Herzen und die Bereiche unseres Lebens deutlich machen, die noch etwas von seiner ganz besonderen Zuwendung und Liebe brauchen, um Veränderung zuzulassen.

LASST EUCH IN EUREM DENKEN VERÄNDERN UND EUCH INNERLICH GANZ NEU AUSRICHTEN.

EPHESER 4,23 HFA

Die Entscheidung dafür liegt ganz bei dir.
Das Gute ist: Was immer du jetzt in deinem Leben änderst, musst du nicht mit in deine Ehe schleppen, um dann weiter damit zu kämpfen. Fang schon jetzt an zu entrümpeln. Vielleicht gefallen dir auch gewisse Verhaltensweisen an dir eigentlich nicht oder du hast sogar mit psychischen Problemen zu kämpfen, die eine Ehe belasten können. Wenn du bisher nie daran gearbeitet hast: Geh es an. Warte nicht, bis dir der Traumpartner gegenübersteht.
Bei alldem geht es nicht darum, dass wir erst perfekt werden müssten, bevor wir einen Partner finden

oder heiraten. Dann hätte schließlich abgesehen von Jesus niemand, der über diese Erde wandelt, jemals heiraten dürfen. Wir Menschen sind nicht perfekt. Wir werden es nie werden. Und auch dein zukünftiger Partner wird mit Sicherheit nicht perfekt sein. Aber wir dürfen uns durch den Heiligen Geist zu unserem besten Selbst verändern lassen, wenn wir dafür bereit sind und uns aufmachen.
Dafür musst du dich jetz plötzlich in irgendwelche kopflosen Aktionen stürzen, weil du dich gedrängt fühlst, endlich bereit zu werden für ein Gegenüber. Das ist nämlich auch keine Garantie, dass er dann schneller in dein Leben tritt.
Vielleicht wird dich Jesus sogar fragen, ob du bereit bist, noch etwas zu warten und ihm zu vertrauen. Er kennt dein Herz. Er weiß was gut für dich ist.

Also, bist du bereit?
Wenn du jetzt immer noch Ja sagst, dann wünsche ich dir von Herzen, dass du abwarten und aushalten kannst, bis du deinem Zukünftigen gegenüberstehst und aus tiefstem Herzen dein ganz persönliches und lautes Ja zu ihm sagst! Und bis dieser Tag kommt lass dir von Jesus zeigen, wie Liebe wirklich geht.

WEIẞT DU, WIE LIEBE WIRKLICH GEHT?

Ich kenne sehr wenige Menschen, wenn überhaupt, die in ihrem Verhalten nicht wenigstens ein bisschen darauf bedacht sind, dass es auch für sie irgendwie passt. Wir tendieren dazu, bei Entscheidungen abzuwägen, ob wir auch ja nicht zu kurz kommen. Wann bist du das letzte Mal einem Menschen begegnet, von dem du sagen könntest, dass er nicht auf sich selbst fokussiert war, sondern einfach nur wollte, dass es dem anderen gut geht?
Ich kann mich kaum an eine solche Begegnung erinnern und besonders erschreckend finde ich, dass ich selbst auch überhaupt nicht so bin, wenn ich mich ganz genau betrachte. Eigentlich stecken hinter all meinen offensichtlichen Motiven auch immer solche, die meinem eigenen Ego, meinem eigenen Wohlbefinden, meinem eigenen Selbstwert dienen. Deshalb stelle ich hier einfach mal die Frage:

Weißt du eigentlich, wie Liebe wirklich geht?

Damit meine ich die selbstlose Liebe, die gibt und nichts zurückfordert, die einfach da ist, ohne die Zeit anzurechnen, die schenkt, ohne im Gegenzug zu erwarten. Im Neuen Testament wird für diese Liebe das griechische Wort Agape verwendet. Mir gefällt die Beschreibung aus Wikipedia dafür: Agape „bezeichnet eine göttliche oder von Gott inspirierte uneigennützige Liebe. (...) Agape ist eine bedingungslose, einseitige, befreiende und auf andere

zentrierte Liebe." Diese opferbereite Liebe haben wir auch als Christen nicht automatisch. Wenn ich dich frage, warum du dir einen Partner wünschst, und wenn du ganz ehrlich antwortest, wäre vielleicht eine der folgenden Aussagen deine:
„Weil ich endlich nicht mehr alleine sein will."
„Weil ich geliebt werden möchte."
„Weil ich mich nicht mehr allein durchs Leben kämpfen will."
„Weil ich mir jemanden wünsche, der mit mir in den Urlaub fährt, wenn alle anderen mit ihren Familien unterwegs sind."
„Weil ich endlich ankommen will."
„Weil ich mir meine eigene Familie wünsche."
„Weil ich auch endlich mal glücklich sein möchte."
Und so könnte ich vermutlich viele weitere Gründe aufzählen, warum wir uns nach Partnerschaft sehnen. Und all diese Dinge drehen sich, du ahnst es schon, um dich. Es geht darum, was DU brauchst, was DU willst, und was DU nicht hast. In all diesen Wünschen steckt mehr oder weniger unsere egoistische Selbstliebe.
Versteh mich nicht falsch. Dass du dich selbst liebst, ist unglaublich wichtig! Erst recht, wenn du eine Partnerschaft eingehen willst. Denn wer eine Beziehung nur eingeht, um seine nicht vorhandene Selbstliebe zu kompensieren, wird weder selbst glücklich damit, noch den anderen glücklich machen können.
Aber wäre es nicht wunderbar, wenn wir uns Liebe wirklich aus selbstlosen Gründen wünschen würden – um dem anderen Gutes zu tun, für den anderen da zu sein, dem anderen eine Heimat zu schenken?
Ich weiß, das ist eine schwierige Vorstellung, denn wir alle sind grundsätzlich eher egoistischer Natur.

Aber ich glaube, dass wir auch dieses Verhalten ändern können.
Denn wenn es in Beziehung nicht darum geht, unsere eigenen Ziele zu verfolgen und unsere eigenen Wünsche umzusetzen, sondern darum, für den anderen das Beste zu wollen, werden wir automatisch etwas davon haben, wenn der andere ebenso mit uns umgeht. Wir werden beide gewinnen. Und ich stelle mir das einfach wunderbar vor, wenn zwei Menschen aufeinandertreffen, die gelernt haben, den anderen zu sehen, und nicht zuerst sich selbst. Was wird das für einen Effekt auf ihre entstehende Beziehung und Ehe haben!
Das Schwierige dabei ist, dass wir nicht von jetzt auf gleich dieses jahrelang antrainierte und ausgeübte Verhalten ändern können. Allein durch die Tatsache, dass du eine Beziehung eingehst oder heiratest, verwandelt sich dein Verhalten leider nicht plötzlich vom Egoismus hin zum Dienen. Diese Veränderung braucht Zeit.
Deshalb will ich dich ermutigen, deine Agape-Liebe zu üben und zu kultivieren. Und damit will ich nicht sagen, dass du erst dann heiraten solltest, wenn du ein zu hundert Prozent selbstloses Leben führst, denn wenn wir ehrlich sind, wird das vermutlich keiner von uns je erreichen.

In der Bibel finden wir Antworten auf unsere Frage, wie wir diese Agape-Liebe in unserem Leben wachsen lassen können. Eine Möglichkeit wäre, uns die nachfolgenden Verse zu eigen zu machen und in unseren alltäglichen Begegnungen und Beziehungen zu unserem Verhalten werden zu lassen:

WER LIEBT, IST
GEDULDIG UND GÜTIG.
WER LIEBT, DER EREIFERT
SICH NICHT.
ER PRAHLT NICHT UND
SPIELT SICH NICHT AUF.
WER LIEBT, DER VERHÄLT
SICH NICHT TAKTLOS.
ER SUCHT NICHT DEN EIGENEN
VORTEIL UND LÄSST SICH
NICHT ZUM ZORN ERREGEN.
WER LIEBT, DER TRÄGT
KEINEM ETWAS NACH;
ES FREUT IHN NICHT, WENN
EINER FEHLER MACHT, SONDERN
WENN ER DAS RECHTE TUT.
WER LIEBT, DER GIBT NIEMALS
JEMAND AUF.
IN ALLEM VERTRAUT
ER UND HOFFT ER FÜR IHN;
ALLES ERTRÄGT ER MIT
GROßER GEDULD.

Nach 1. Korinther 13,4–7

Lass dir von Jesus zeigen, wie du das persönlich in deinem Leben umsetzen kannst, schließlich weiß er, wie man am besten liebt! Damit kannst du heute schon anfangen. Du musst nicht warten, bis du jemanden kennenlernst. Du kannst selbstlose Liebe jetzt schon in deinem Umfeld, in deiner Familie, in deiner Gemeinde, im nächsten Supermarkt und überall sonst, wo du Menschen begegnest, üben. Andere praktisch in Wort und Tat zu lieben, ohne deinen eigenen Vorteil im Hinterkopf, wird dich verändern und du wirst merken, dass es auch sie verändert, weil du Einfluss in dieser Welt hast. Und zwar jetzt, als Single!

„Die Liebe will nichts von dem anderen, sie will alles für den anderen."

Dietrich Bonhoeffer

JESUS UND ICH

Sie, die mutig ist, ist frei

Eines Tages saßen Jesus und ich bei einem Kaffee zusammen und sprachen über alles Mögliche. Dabei erzählte ich ihm von einem Mann, der mir sehr gefiel und bei dem ich mir gut vorstellen konnte, dass er der Richtige für mich sein könnte. Jesus hörte sich alles an und am Ende stellte er mir folgende Frage:

„Was wärst du bereit, für diese Beziehung aufzugeben?"

Puh, eine schwierige Frage! Bei vielem wäre ich wohl zu Kompromissen bereit. Aber was ist mit den richtig großen Bereichen meines Lebens? Wo es nicht nur darum geht, dass ich dann nur noch den halben Kleiderschrank zur Verfügung habe oder wie wir die Klorolle aufhängen? Wie würde es mir mit den gravierenden Veränderungen gehen?
Es würde mir zum Beispiel schwerfallen, von meinem aktuellen Wohnort wegzuziehen. Meine Familie und Freunde einfach zu verlassen. Meine wunderschöne Wohnung aufzugeben, die ich so liebevoll eingerichtet habe (wobei das woanders ja auf jeden Fall auch möglich wäre). Mein Land zu verlassen wäre mehr als nur eine kleine Herausforderung.
„Aber ich würde es tun, wenn du es mir sagst und wenn du von mir möchtest, dass ich Deutschland aufgebe", sagte ich zu Jesus. Vielleicht wäre es

ja auch nicht für immer. Aber es wäre schon ein großer Vertrauensschritt, weil ich ja hier auch alles Berufliche hinter mir lassen würde – und das hätte dann wieder mit dem Thema Versorgung zu tun … Während ich weiter nachdachte, fiel mein Blick auf den Bilderrahmen auf meiner Fensterbank im Wohnzimmer, auf dem steht:

„She who is brave is free."

Und als ich diesen Satz las, dachte ich: Sie, die mutig ist, ist frei … das Bekannte zu verlassen und sich ins Unbekannte hinauszuwagen, weil sie weiß, dass Jesus an ihrer Seite ist und sie versorgen wird!
Mir wurde klar, dass es schon so einiges bedeuten kann, wenn man sein Leben nicht mehr alleine gestaltet. Und mir wurde ebenso klar, dass es mit Sicherheit Dinge geben würde, die ich für eine Beziehung aufgeben müsste. Aber je länger ich darüber nachdachte, desto mehr verstand ich auch, dass es eigentlich egal wäre, wo ich am Ende leben würde. „Solange es mit dem richtigen Mann für mich und mit deinem Segen wäre, Jesus, wäre alles okay", sagte ich zu ihm. „Ich glaube daran, dass du mich versorgen wirst, auch mit Familie und einem Job, einfach mit allem, was ich brauche, egal wo. Und ich glaube auch, dass du mein Herz vorbereiten kannst für den Mann, mit dem ich leben werde, und für den Ort, an dem ich dir dienen darf. Schenk du mir den Mut und die Freiheit dafür." Und mit diesem Bewusstsein, dass ich Dinge in der Zukunft loslassen könnte, selbst wenn es schwer wäre, weil Jesus an meiner Seite geht und mir dabei hilft, konnte ich sagen, dass ich tatsächlich zu einigem bereit wäre.

berufen

WIR WISSEN ABER, DASS DENEN, DIE GOTT LIEBEN, ALLE DINGE ZUM BESTEN DIENEN, DENEN, DIE NACH SEINEM RATSCHLUSS BERUFEN SIND.

RÖMER 8,28 LUT

Wenn Gott dir nicht gibt, was du willst, könnte es auch Bewahrung sein.

Dass eine Beziehung nicht zustande kommt, muss nicht automatisch eine Bestätigung dafür sein, dass ich alleine bleiben soll. Es kann auch einfach Bewahrung vor dieser Beziehung gewesen sein. Wenn das aber jemand in der Vergangenheit zu mir sagte, habe ich es gehasst und gedacht, das sei auch wieder nur einer dieser Versuche, meine scheinbar sich nie ändernde Situation als Single durch das Vorschieben eines guten Grundes zu verbessern. Aber dann kam ein Erlebnis, durch das ich tatsächlich den Eindruck gewann, dass es total richtig war, dass ich einem Mann, den ich Jahre zuvor sehr interessant gefunden hatte, nicht nähergekommen war.
Ich traf ihn bei einem Abend für Singles wieder, den Freunde von mir bei sich zu Hause organisiert hatten. Ich dachte: ‚Er sieht immer noch echt gut aus!' Ein paar Tage danach traf ich mich mit einer

Freundin und wir unterhielten uns über ihn. Ich wusste, dass er seine letzte Gemeinde verlassen hatte und jetzt zu einer anderen ging, wusste aber nicht, warum er gegangen war.
Praktisch für mein neugieriges Wesen war, dass meine Freundin den Grund kannte: Er hatte die Gemeinde gewechselt, weil man dort entschieden hatte, Frauen ganz offiziell zu erlauben, ihre Gaben in der Leitung und im Predigtdienst einzusetzen. Da er in dieser Frage unsicher oder anderer Meinung war, hatte er sich eine andere Gemeinde gesucht, wo all das Frauen nicht erlaubt war.

Nehmen wir mal an, ich wäre damals, als ich noch jünger war und viel weniger über meine Fähigkeiten und kaum etwas über meine Berufung wusste und mir viel weniger zutraute als jetzt, mit diesem Mann zusammengekommen. Vermutlich hätte er mich in unserer Beziehung kaum in den Bereichen Predigen und Leiten ermutigt und gefördert, denn offenbar ist er ja nicht überzeugt davon, dass Frauen dort ihren Platz haben. Wenn ich mein Leben aber jetzt betrachte, dann sehe ich genau diese Dinge wachsen und zunehmen. Und zwar sowohl in meiner Arbeit als auch in meiner Gemeinde. Ich glaube, dass sie Teil meiner Berufung sind. Das Geniale ist, dass Gott mich kennt, weil er mich gemacht hat.

Er wusste, was er in mich hineingelegt hat und wann diese Gaben das Licht der Welt erblicken sollten.
Er hat einen Plan. Aus Sehnsucht nach Beziehung und Liebe wäre ich diese Verbindung aber damals eingegangen, wenn es möglich gewesen wäre, ohne über meine Berufung und meine Zukunft in allerletzter Konsequenz nachzudenken.

Aus heutiger Sicht und mit dem Wissen über die Einstellung des Mannes zu bestimmten Themen bin ich froh, dass es nicht geklappt hat. Denn wie sollte ein Mann eine Frau (und umgekehrt natürlich genauso) in ihrer Berufung unterstützen und fördern, wenn er eine andere Überzeugung hat als sie? Vermutlich hätte mich seine Einstellung von dem zurückgehalten oder sogar abgebracht, was meine jetzige Arbeit und meinen Auftrag heute ausmacht. Ich hätte mich nicht so weiterentwickeln können, wie Gott das möchte. Und das ist in meinen Augen Bewahrung. Gott weiß, was das Beste ist. Wäre es dann nicht viel logischer, wenn ich mit einem Mann zusammenkäme, der zu meiner Berufung passt, der mich in dem, was Gott in mich hineingelegt hat, ermutigt, unterstützt und stärkt, anstatt mich davon abzuhalten?
Was mich zu der Frage bringt: Weißt du eigentlich, wozu Gott dich berufen hat?

ER ÖFFNE EUCH DIE AUGEN, DAMIT IHR SEHT, WOZU IHR BERUFEN SEID. WORAUF IHR HOFFEN KÖNNT UND WELCHES UNVORSTELLBAR REICHE ERBE AUF ALLE WARTET, DIE ZU GOTT GEHÖREN.

EPHESER 1,18 HFA

JEDER MENSCH IST BERUFEN – JEDER!

Gott hat dich gestaltet, er hat dich begabt, und er hat dich berufen. Und deshalb sollte dich deine zukünftige Partnerschaft in deiner Berufung bestärken und ermutigen und dich nicht von ihr abhalten.
Ich persönlich glaube nicht, dass die Ehe nur dafür gedacht ist, dass wir endlich nicht mehr alleine sind. Zwei Menschen, die verheiratet sind, haben eine bestimmte Aufgabe. Zum einen ist die Ehe ein lebenslanger Dienst aneinander. Und zum anderen ist sie gedacht, um gemeinsam als Paar anderen zu dienen. Und wenn die Berufungen zweier Menschen in dieselbe Richtung gehen, zusammenpassen, dann werden die beiden effektiver – und haben eine größere Kraft und Auswirkung im Reich Gottes.

Damit meine ich nicht, dass beide exakt dieselbe Berufung oder denselben Beruf haben müssen. Klar, das gibt es auch, zum Beispiel wenn zwei Menschen die Berufung haben, einer Kirche als Worshipleiter zu dienen und das auch gemeinsam tun. Das ist aber nicht die Regel. Wichtig ist, dass beide Berufungen kompatibel sind, dass beide Partner sich fördern und unterstützen und sich nicht gegenseitig hindern oder ausbremsen. Ich persönlich will nicht mehr einfach nur einen Mann an meiner Seite haben. Was das betrifft, hat Gott mein Herz verändert. Ich will das, was Gott will, und ich wünsche mir eine gemeinsame Berufung mit meinem Partner.

LEHRE MICH, SO ZU LEBEN, WIE DU ES WILLST, DENN DU BIST MEIN GOTT! FÜHRE MICH DURCH DEINEN GUTEN GEIST, DANN KANN ICH UNGEHINDERT MEINEN WEG GEHEN.

PSALM 143,10 HFA

Unsere erste Frage sollte sein:
„Warum bin ich hier?"
Und nicht: „Warum bin ich allein?" Denn das ist am Ende das, was wirklich zählt. Womit hat Gott mich begabt? Wo und wie möchte Gott mich gebrauchen? Welche Berufung hat er mir mit auf den Weg gegeben?
Die Gesellschaft erzieht uns dazu zu denken, wir müssten immer etwas leisten, wir müssten immer aktiv sein. Das beziehen wir dann auch auf unseren Status als Single und denken, wenn wir nichts aktiv tun, um etwas zu ändern, dann wollen wir das wohl auch nicht wirklich.
Doch ich glaube, wir sollten uns von dieser Macher-Mentalität lösen und lieber vom Tun ins Sein kommen.
Sei doch einfach mal.
Und dann stellen sich folgende Fragen:
Wer bin ich eigentlich?
Wer will ich sein?
Wo will ich sein?
Wer bin ich in Gottes Augen und wo will er, dass ich bin?

Wenn ich das herausfinde und von meinem krampfhaften Tun und dem Versuch wegkomme, unbedingt jemanden finden zu müssen, dann werde ich zufriedener sein. Ich werde erkennen, dass ich nicht in erster Linie auf der Welt bin, um einen Mann zu finden. Selbst Adam hat im Paradies erst den Auftrag bekommen, sich um die Schöpfung zu kümmern, bevor Gott ihm eine Partnerin zur Seite gestellt hat (1. Mose 2).

SEI DIE VERÄNDERUNG, NACH DER DU DICH SEHNST

Nach einem Event unterhielt ich mich mit einem männlichen Single. Er beklagte sich, dass es keine Singlearbeit in seiner näheren Umgebung gebe und dass Gemeinden Singles oft gar nicht im Blick hätten. Es werde bei Veranstaltungen oder im Gottesdienst für Familien, für Paare, für Alte und für Kinder gebetet, aber nicht für Singles. Ich ermutigte ihn daraufhin, selber Schritte zu gehen und vielleicht einfach der zu sein, der eine solche Arbeit startet, wenn es ihm so ein großes Anliegen sei. Dadurch könne er Menschen unter anderem daran erinnern, dass es schön wäre, wenn auch für die Singles gebetet wird. Außerdem sagte ich, dass es auch attraktiv auf Frauen wirken kann, wenn ein Mann zum Beispiel eine Initiative startet, wenn er aktiv ist und etwas bewegt.

Das wäre mir persönlich sehr wichtig.
Als ich einer Freundin, die ebenfalls Single ist, von diesem Gespräch erzählte, kam in ihr der Gedanke hoch, dass sie, die so etwas nicht vorzuweisen hätte, dann ja automatisch langweilig und uninteressant sein müsse. Das ist natürlich Quatsch. Nicht jeder muss eine neue Bewegung gründen, um auf das andere Geschlecht anziehend zu wirken. Aber ich finde es wichtig und gut, wenn man überlegt, was es neben der Suche nach und der Hoffnung auf einen Lebenspartner im Leben sonst noch geben kann, und sich nicht nur über das beklagt, was schiefläuft und was andere tun müssten, sondern selbst aktiv wird, seine eigenen Begabungen und Leidenschaften entdeckt und sie dann auch einsetzt. Wenn man nicht neben Arbeit und gelegentlichen Unternehmungen vor Langeweile zu Hause vergeht. Denn dabei kann dann das Drehen um den Wunsch nach einem Partner eigentlich nur größer werden und das Leben wird sich nur noch unerfüllter anfühlen.

Sei nicht nur interessiert.
Sei interessant!

Ich will dich ermutigen, dich selber so gut kennenzulernen, dass du weißt, wer du bist, was du zu bieten hast, was du kannst, was du liebst, welcher Tätigkeit du von Herzen und mit Leidenschaft nachgehst, was dir Freude macht und dich begeistert – und genau das dann auch zu tun.

Ich glaube einfach, dass das Leben dann so viel schöner und erfüllter ist. Und wenn du dich dann vielleicht auch gleich schöner und erfüllter fühlst, könnte das die Chance erhöhen, dass jemand auf dich aufmerksam wird. Trauerklöße und unzufriedene Menschen wirken selten anziehend und attraktiv. Also krieg deinen Hintern hoch und los geht's!
Und keine Sorge, ich möchte dir nicht einreden, dass du langweilig und uninteressant bist. Aber wenn du dich genau das jetzt fragst, dann überlege einfach mal, ob vielleicht etwas dran ist und was du tun kannst, um nicht in eine negative Abwärtsspirale aus Gedanken und Unzufriedenheit zu geraten. Jetzt nur zu denken: ‚Na dann bin ich halt langweilig und dann wird mich halt kein Mann attraktiv finden', würde dich ja überhaupt nicht weiterbringen. Ich ermutige dich, neue Wege zu gehen, Neues auszuprobieren, offen zu werden. Denn ich glaube, das macht einen Unterschied. Mindestens in deinem eigenen Gefühl dir selbst gegenüber. Aber ich kann mir sehr gut vorstellen, dass es sich auch auf deine Ausstrahlung und deine Lebensqualität auswirken wird. Und wer weiß, wen es am Ende auf dich aufmerksam machen wird, wenn du anstatt zu Hause zu sitzen und deinen Beziehungsstatus zu bejammern, bei einer tollen Sache mitarbeitest? Denn solltest du dich in letzter Zeit mal wieder gefragt haben, wo denn die guten Männer (oder Frauen) eigentlich sind, lautet die Antwort vermutlich: genau da. Sie arbeiten irgendwo mit, wo sich etwas bewegt, und bringen sich mit ihren Gaben und ihrer Leidenschaft ein.

Suche nicht einfach nur nach einem Partner, der all die Eigenschaften besitzt, die du gerne hättest, und das Leben lebt, von dem du träumst, sondern werde dieser Mensch. Denn was du bist, wirst du automatisch auch anziehen.

„Je mehr du in deiner Bestimmung lebst, desto weniger Gedanken machst du dir um unnütze Dinge oder um das, was du nicht hast!"

Lissy Diesterbeck

DER RÖMISCHE BRUNNEN

Unsere eigene Bestimmung zu finden, klingt nicht unbedingt nach einer einfachen Aufgabe. Schon allein der Gedanke daran kann uns so sehr stressen, dass wir uns gar nicht erst auf den Weg machen. Was, wenn ich sie nicht finde? Oder wenn ich der falschen Spur folge?
Das Gute ist: Gott lässt uns auch dabei nicht alleine. Er stellt uns Menschen an die Seite, die uns gut kennen und oft schon etwas in uns sehen, was wir uns selbst niemals zutrauen würden. Und durch den Heiligen Geist kann er uns in unserem Inneren immer wieder bestätigen, wenn wir den Weg gehen, den er uns führen will. Auch durch sein Wort kann er so deutlich zu uns sprechen, dass immer klarer wird, wie unsere Bestimmung aussieht und wie wir in ihr leben können.
Gott hat dich und mich und jeden Einzelnen auf dieser Erde dazu berufen zu lieben. Er geht sogar so weit, dass er das zu einem Gebot macht, dem wir folgen sollen. In Johannes 13,34 und 35 sagt Jesus zu seinen Jüngern:
„Ich gebe euch jetzt ein neues Gebot: ‚Liebt einander! So wie ich euch geliebt habe, so sollt ihr euch auch untereinander lieben. An eurer Liebe zueinander wird jeder erkennen, dass ihr meine Jünger seid.'"

Und auf einmal wird unsere erste und oberste Bestimmung ganz klar – ohne langes Suchen:

Jede und jeder von uns ist dazu berufen zu lieben und an der Liebe erkennbar zu sein. Wie genau wir das dann leben können, ist dagegen eine ganz andere Sache, und fällt uns oft schwer. Aber auch da hilft uns Jesus, indem er sagt, dass wir es ihm ganz einfach nachmachen sollen: „So wie ich euch geliebt habe." Wie das funktioniert, möchte ich dir anhand eines Bildes erklären, das für mich das wichtigste Gebot und seine drei Ebenen auf eine wunderbare Art veranschaulicht. Und das Coole daran ist, dass es dabei nicht um das pure Befolgen von Regeln geht, sondern um ein Lebensprinzip, das uns zu innerer Heilung und einem anderen Selbstwert führen und Auswirkungen auf unser Umfeld haben kann, wenn wir uns darauf einlassen.

LIEBE GOTT

LIEBE DEN HERRN, DEINEN GOTT, VON GANZEM HERZEN, MIT GANZEM WILLEN UND DEINEM GANZEN VERSTAND! DIES IST DAS GRÖßTE UND WICHTIGSTE GEBOT

MATTHÄUS 22,37–38 GNB

Dieses erste Gebot ist eine Aufforderung, Gott dein Herz zu geben. Das ist das größte und wertvollste Geschenk, das du Jesus machen kannst. Und indem du seine Liebe annimmst, fängst du an, ihn von ganzem Herzen zu lieben. Denn wen du liebst, dem gibst du das Wertvollste, was du hast. Und das ist für Jesus dein Herz, das in der Bibel für das Zentrum unseres inneren Lebens und unsere gesamte Existenz steht.
Gott hat Liebe im Überfluss für dich. Stell dir das wie bei einem römischen Brunnen vor: Von oben fließt Wasser in die erste Schale. Wenn diese vollständig gefüllt ist und überfließt, ergießt sich das Wasser weiter in die nächste Schale, bis diese komplett gefüllt ist, und von dort wiederum in eine weitere Schale. Die erste Schale stellt deine Beziehung zu Gott dar. Du bist dazu berufen, sein Kind zu sein. Wenn du seine Liebe annimmst, wirst du aus dieser Beziehung heraus, deiner ersten Liebe, mit allem gefüllt, was du brauchst, um vollständig zu sein. Sie ist die wichtigste und beste Quelle, um dir deinen Wert zu bestätigen und dir Identität zu geben, weil du in bedingungsloser Liebe von Gott angenommen bist.

Denn deine Identität findest du nicht darin, mit wem du zusammen bist. Du findest sie in dem, der dich erschaffen hat und dich aus vollem Herzen liebt! Wenn du Zeit mit ihm verbringst, sein Wort liest, ihn immer besser kennenlernst, dann kannst du ihn als das Gegenüber wahrnehmen, das er dir gerne sein möchte.
In dieser intimen und vertrauensvollen Beziehung erfährst du auch deine eigene, spezielle Berufung und es wird dir immer leichter fallen, seine Stimme zu erkennen, die dich in deinem Leben leiten möchte. All das wird dir helfen, das zweite Gebot zu erfüllen:

LIEBE DICH SELBST

EBENSO WICHTIG IST EIN ZWEITES: LIEBE DEINEN MITMENSCHEN WIE DICH SELBST!

MATTHÄUS 22,39 HFA

Um andere Menschen so richtig gut lieben zu können, müssen wir tatsächlich erst bei uns selbst anfangen. Das hat nichts mit Selbstverliebtheit oder Ichbezogenheit zu tun. Aber je mehr ich mich annehme und liebe, desto mehr kann ich auch andere annehmen. Ich kann sie stehen lassen und muss nicht auf irgendwas neidisch sein, was sie haben und ich nicht.

Wenn ich mich selbst und Gott liebe, bin ich nicht mehr abhängig davon, dass mich andere bestätigen. Denn dann ist mein innerer Liebestank schon

durch die Beziehung zu Gott gefüllt. Dann weiß ich, dass ich auch ohne Partner hundertprozentig wertvoll und geliebt bin. Manchmal vergessen wir Singles das, aber so ist es!
Um mich selbst zu lieben, ist es wichtig, all das Positive und Gute, das Gott in mir sieht und über mich denkt, anzunehmen und über mir auszusprechen. Viele Jahre habe ich geglaubt, dass ich nicht schön bin. Das lag unter anderem an einer Hautkrankheit, die sich in meinem Gesicht zeigt. Niemand hat mir gesagt, dass ich deshalb hässlich wäre, aber in meinem Inneren hatte sich die Überzeugung festgesetzt, ich wäre nicht schön und das wäre auch ein Grund dafür, dass ich keinen Mann finde. Vom Kopf her war mir schon damals ganz klar, dass Gott so nicht über mich denkt, denn er hat mich geschaffen und schon am Anfang der Bibel steht, dass Gott sich ansah, was er geschaffen hatte, und es für sehr gut befand. Genauso sieht er auch dich und mich. Aber in meinem Herzen konnte ich es nicht wirklich glauben.

Eine Zeit lang machte ich sogar meinen eigenen Vater dafür verantwortlich, weil er mir als Kind nie gesagt hatte, dass ich schön bin. Nicht nur gesprochene, sondern auch fehlende Worte haben eine große Macht. Heute weiß ich, dass ich ihm das nicht vorwerfen kann und meinen Wert nicht von ihm und seinen Worten abhängig machen darf. Weil Menschen uns nicht alles geben können, soll ja auch Gott derjenige sein, bei dem wir uns alles holen, was unsere Seele und unser Herz brauchen. Durch die Beziehung zu ihm und seine Bestätigung füllt sich die erste Schale, und wenn sie überfließt, habe ich genug, um zu lernen, mich selber anzunehmen.

Nachdem ich das verstanden hatte, fing ich irgendwann an, mich jeden Tag einmal vor den Spiegel zu stellen und mir quasi ins Gesicht zu sagen, was Gott längst über mich dachte, damit auch meine Seele es endlich annehmen konnte:

Du bist schön!

Dieser Prozess zog sich über mehrere Monate hin, bis ich selber so langsam verstand, dass ich wunderschön gemacht bin, auch wenn ich nicht komplett mit allen Attributen meines Körpers zufrieden bin. Indem ich diese Wahrheit immer und immer wieder über mir aussprach, lernte ich, all das, was mein Schöpfer längst über mich dachte, auch in mein Herz einzugravieren.

Ich glaube nämlich, dass wir den Schöpfer auch dadurch ehren, dass wir annehmen, wie er uns geschaffen hat, und dankbar dafür sind. Und weil ich gelernt habe, meinen Wert zu erkennen, kann ich auch in der Partnerwahl eine gute Auswahl treffen, und muss das nicht aus einer inneren Leere und Verzweiflung heraus tun. Wenn ich mir meine Bestätigung nicht mehr in der Beziehung zu anderen holen muss, fällt es mir viel leichter, Teil drei des Gebotes zu leben, wenn Schale Nummer zwei überfließt:

LIEBE ANDERE

EBENSO WICHTIG IST EIN ZWEITES: LIEBE DEINEN MITMENSCHEN WIE DICH SELBST!

MATTHÄUS 22,39 HFA

Aus Selbstliebe wird Nächstenliebe. Weil ich meinen Wert kenne, den ich aus der richtigen Quelle ziehe, die niemals leer läuft, nämlich aus der Beziehung zu Jesus, kann ich anfangen, selbstlos zu lieben. Weil ich mich selbst nicht mehr wichtiger nehmen muss, kann ich auf die Bedürfnisse anderer eingehen und erwarte nicht mehr von ihnen, dass sie meine Bedürfnisse befriedigen und meine Unsicherheiten und meinen Mangel ausgleichen. Indem wir von ihm lernen, wie er Liebe lebt, können wir auch andere so lieben lernen.

Wenn du weißt, wie sehr du von Gott geliebt bist, das annimmst und auch für dich selber glaubst, dann kannst du einen zukünftigen Partner ganz anders lieben, als wenn du nur nach jemandem suchst, der dir zeigt, dass du etwas wert bist.

Und das Coole ist: Du kannst anderen Menschen etwas gönnen, das du vielleicht auch gerne hättest wie Partnerschaft oder Kinder. Das ist nämlich leichter, wenn du verinnerlicht hast, dass dein Wert nicht kleiner wird, wenn andere etwas erreichen oder bekommen, was du nicht hast. Du bleibst gleich stark geliebt und kannst dich mit ihnen und für sie freuen.

Und wenn du deinen Fokus auf das richtest, was Gott wichtig ist, wenn du dich um andere kümmerst, ihnen mit deinen Gaben dienst (1. Petrus 4,10), dann wird er sich um dich kümmern und dich mit dem versorgen, was du brauchst:

SETZT EUCH ZUERST FÜR GOTTES REICH EIN UND DAFÜR, DASS SEIN WILLE GESCHIEHT, DANN WIRD ER EUCH MIT ALLEM ANDEREN VERSORGEN.

MATTHÄUS 6,33 HFA

WENN GOTT DIR EIN SOLO SCHENKT

Als ich fast ein Teenager war, zog in unserem Haus ein junges Ehepaar ein und gründete einen Kinderchor in unserer Gemeinde. Dieses Ereignis brachte eine riesige Veränderung in mein Leben, denn ich entdeckte, dass ich singen kann. Nicht nur ein bisschen, sondern sogar wirklich gut. Die beiden fingen an, mich zu fördern und mein Talent zu stärken. Und bei den Auftritten und CD-Aufnahmen, die in den nächsten Jahren folgten, bekam ich oft Komplimente für meine Stimme. Mein Talent, meine Begabung wurde mir dadurch bestätigt.
Eine der schönsten Erfahrungen war für viele von uns, wenn wir von der Chorleiterin für ein Solo ausgewählt wurden. Es machte uns irgendwie besonders – ich fühlte mich dann gesehen und wertgeschätzt.

Ich erinnere mich an eine CD Aufnahme, bei der der Produzent die ursprünglich festgelegten Soli umverteilte. Viele aus dem Chor durften plötzlich kein Solo mehr singen, weil er mit ihren Stimmen nicht zufrieden war. Es gab viele Tränen und traurige Kinder. Ich hingegen gehörte zu denen, die ein paar der frei gewordenen Soli übernehmen durften. Die anderen taten mir natürlich leid, aber insgeheim war ich auch ein bisschen stolz, dass der Produzent wollte, dass ich solo sang.
Eine Gabe geschenkt zu bekommen, ist etwas Wunderbares. Wenn man dabei noch von anderen

entdeckt und gefördert wird, sodass man diese Gabe einsetzen und ausbauen kann, ist es umso schöner. Auch heute noch ruft es ein besonderes Gefühl in mir hervor, wenn ich bei einem besonderen Konzert oder einer CD-Aufnahme aus einer Gruppe von Sängern für ein Solo ausgewählt werde: das Gefühl, gesehen zu werden und dass man mir etwas zutraut. Für mich ist es eine Art Wertschätzung für meine Gabe und ich bin Gott unendlich dankbar, dass ich sie bekommen habe und in meinem Leben einsetzen darf.

Es gibt aber ein Solo, bei dem wir nicht sofort „Hier" schreien, für das wir lieber nicht ausgewählt werden und das wir nicht einmal geschenkt haben wollen. Diese einzigartige Position, in der wir alleine dastehen, lehnen wir kategorisch ab, haben sogar Angst vor ihr. Ich spreche von der „Gabe der Ehelosigkeit", wie sie in christlichen Kreisen oft genannt wird. Dass die Ehe eine gute Gabe, ein Geschenk ist, glauben wir ohne Zweifel. Im Vergleich zur Ehelosigkeit erscheint sie uns als die höhere und bessere Gabe. Das ist aber unsere menschliche Sicht. Tatsache ist: Wenn wir Single sind, haben wir die „Gnadengabe" der Ehelosigkeit. So nennt Paulus sie in 1. Korinther 7,7 und meint damit, dass Gott sie uns geschenkt hat. Ganz einfach. Ob wir sie nun haben wollen oder nicht.

Ich glaube, wenn Gott mir dieses Geschenk gegeben hat, dann wird er seine Gründe dafür haben. Und obwohl ich diese Gründe nicht kenne, mir auch eher eine andere Gabe gewünscht hätte und sie am liebsten schnell wieder loswerden würde, vertraue ich Gott, dass es gute Gründe sind.

Der Besitz dieser Gabe bedeutet auch nicht, dass wir sie für immer haben werden. Wir können immer noch das Geschenk der Ehe bekommen – und das unser restliches Leben lang. Die meisten von uns würden natürlich am liebsten jetzt sofort wissen, ob sich an unserer aktuellen Situation noch etwas ändert oder ob wir uns mit dem abfinden sollten, was wir uns eigentlich nicht gewünscht hatten. Aber so funktioniert Gottes Wirken leider eher selten. Da heißt es dann vertrauen, dass seine Gabe das ist, womit er uns am besten in dieser Welt und in seiner Gemeinde einsetzen und gebrauchen kann. Wir haben die Wahl, ob wir das Geschenk annehmen, das Gott uns gegeben hat, um eine Bestimmung zu erfüllen: zum Nutzen der Gemeinde, zum Wohle unserer Mitmenschen. Und das ist dann auch gleichzeitig Teil unserer Berufung (vgl. 1. Korinther 12,7).

Übrigens erhalten wir dieses Geschenk einzig aus seiner Gnade heraus. Es ist keine Bestrafung und andersherum ist die Ehe auch keine Belohnung für unseren Gehorsam oder unser vorbildliches Leben als Christ. Natürlich können wir dafür beten, dass wir das Geschenk der Ehe irgendwann erhalten, wenn wir das möchten, aber wir können sie uns nicht erarbeiten, denn Gnade ist frei von Werken, die wir durch unsere eigene Kraft erreichen könnten. Auch sie ist schlicht und einfach ein Geschenk.
Das Single-Dasein ist eine Gabe, die jeder zu irgendeiner Zeit in seinem Leben hat. Wir alle kommen damit auf diese Welt. Manche Menschen werden ihr Leben lang Single sein. Andere nur einen Teil ihres Lebens. Hin und wieder habe ich Leute sagen hören, wenn jemand bis zu einem bestimmten Alter nicht verheiratet wäre, müsse das

ein klares Zeichen dafür sein, dass Gott sie oder ihn zur Ehelosigkeit berufen habe. Aber für mich klingt das nach einer menschengemachten Theorie, von der ich bisher nicht überzeugt bin, weil ich immer wieder Gegenbeweise sehe: Manche dachten, sie hätten die Gabe, fanden aber nur verhältnismäßig spät ihren Partner. Ob wir zur Ehe berufen sind, können wir mit Bestimmtheit nur dann sagen, wenn wir sie erhalten. Bis dahin werden alle Spekulationen darüber ins Nichts führen, weil es keine Antwort gibt außer der, dass wir das Geschenk der Ehe aktuell nicht haben.
Ich weiß nicht, ob Gott uns lebenslang zur Ehelosigkeit beruft. Die Berufung, etwas Sinnvolles mit dieser Gabe zu tun und sie zum Wohle anderer einzubringen, solange wir sie haben, haben wir aber alle! Vielleicht sollten wir diesen unbedingten Drang aufgeben, jetzt und hier sicher wissen zu wollen, ob wir das Thema Ehe abhaken müssen oder noch Hoffnung haben dürfen.

Ich persönlich habe für mich entschieden, dass ich es nicht abhaken möchte. Ich wünsche mir die Ehe und hoffe sehr darauf, dass Gott mir eines Tages dieses Geschenk gibt. Aber ich versuche, mein aktuelles Solo zu seiner Ehre einzusetzen und den Fokus wegzulenken von der Frage, ob oder ob nicht, hin auf das, was er zu diesem Zeitpunkt mit mir und durch mich in dieser Welt bewirken möchte. Ich glaube, wenn wir nutzen, was er uns geschenkt hat, ehren wir Gott damit.

ICH MÖCHTE EUCH UNBELASTET
UND OHNE SORGEN WISSEN.
WER UNVERHEIRATET IST,
KANN SICH UNEINGESCHRÄNKT
DARUM KÜMMERN,
WIE ER DEM HERRN GEFÄLLT.
IST ABER JEMAND VERHEIRATET,
SO KÜMMERT ER SICH UM
VIELE DINGE DES TÄGLICHEN
LEBENS UND WILL SEINER FRAU
GEFALLEN. DARUM IST SEINE
AUFMERKSAMKEIT GETEILT.
EINE UNVERHEIRATETE FRAU SORGT
SICH UNEINGESCHRÄNKT DARUM,
MIT LEIB UND SEELE FÜR DEN
HERRN DA ZU SEIN, ABER EINE
VERHEIRATETE FRAU SORGT SICH
UM MENSCHLICHE BELANGE UND
WILL IHREM MANN GEFALLEN.
ICH SAGE DIES ALLES NICHT, UM
EUCH DURCH IRGENDWELCHE
VORSCHRIFTEN EINZUENGEN,
SONDERN UM EUCH ZU HELFEN.
ICH MÖCHTE, DASS IHR EIN
VORBILDLICHES LEBEN FÜHRT UND
UNBEIRRT NUR DAS EINE ZIEL
VERFOLGT, DEM HERRN ZU DIENEN.

1. KORINTHER 7,32–35 HFA

Eine Freundin sagte mir mal, dass sie es krass findet, dass ich so offen dazu stehe und darüber rede, dass ich Single bin, dass ich sogar Seminare gebe und jetzt ein Buch darüber schreibe.
Ihr wäre es total peinlich, wenn das jeder wissen würde, meinte sie. Aber ich glaube, es ist tatsächlich reine Gnade, dass ich das kann, denn auch damit hat Gott mich beschenkt. Auch diese Gabe habe ich so wie meine Stimme bekommen, um sie zu nutzen und Frucht zu bringen. Wenn ich sie vergrabe, wird sie nichts bewirken. Wenn ich nicht dazu stehe und nicht darüber rede, kann ich niemanden ermutigen, dem es in seinem Single-Leben schlecht geht. Und ich glaube, auch dafür möchte Gott mein Solo nutzen.

IHR SEID DER LEIB CHRISTI, UND JEDER EINZELNE VON EUCH IST EIN TEIL DIESES LEIBES. GOTT HAT IN DER GEMEINDE ALLEN EINE BESTIMMTE AUFGABE ZUGEWIESEN.

1. KORINTHER 12,27–28 NGÜ

Du hast die Wahl, ob du dieses Geschenk auspackst, ob du deine Aufgabe ausfüllst und daraus das beste Solo deines Lebens machst - oder ob du dein Talent vergräbst und ungenutzt in der Erde verkümmern lässt. Ich persönlich kann dir nur diesen Rat geben: Mach das Beste daraus, denn Gott hat dein Bestes verdient! Und deine Zeit als Single, wie lange sie auch immer sein wird, kann eine der fruchtbarsten Zeiten in deinem Leben werden.

SEID FRUCHTBAR UND MEHRET EUCH!

Viele von uns haben diesen Satz aus 1. Mose 1,28 gehört oder gelesen und gedacht: ‚Also wenn das Gottes Auftrag für uns ist, dann habe ich bisher ja kläglich versagt …' Natürlich geht es an dieser Stelle tatsächlich um Fruchtbarkeit im Sinne der Fortpflanzung, und auch dazu sind wir als Menschen berufen. Aber an einer Stelle im Neuen Testament sehen wir, dass nicht alleine der körperliche Aspekt gemeint sein kann, wenn in der Bibel davon die Rede ist, dass wir Frucht bringen sollen.

ICH BIN DER WEINSTOCK, UND IHR SEID DIE REBEN. WER MIT MIR VERBUNDEN BLEIBT, SO WIE ICH MIT IHM, DER TRÄGT VIEL FRUCHT. DENN OHNE MICH KÖNNT IHR NICHTS AUSRICHTEN. (…) NICHT IHR HABT MICH ERWÄHLT, SONDERN ICH HABE EUCH ERWÄHLT. ICH HABE EUCH DAZU BESTIMMT, DASS IHR EUCH AUF DEN WEG MACHT UND FRUCHT BRINGT – FRUCHT, DIE BLEIBT. DANN WIRD EUCH DER VATER ALLES GEBEN, WORUM IHR IHN IN MEINEM NAMEN BITTET. DAS IST MEIN AUFTRAG AN EUCH: LIEBT EINANDER!

JOHANNES 15,5.16–17 HFA

Hier ist es wieder: einander lieben! In diesen Versen wird klar, dass wir nicht alleine den Auftrag haben können, körperlich fruchtbar zu sein und uns zu vermehren. Denn sonst würden ja auch Frauen und Männer, die körperlich unfruchtbar sind, keine Frucht bringen und Gottes Auftrag nie erfüllen können. Die Verse aus Johannes zeigen mir aber, dass Nachkommen nicht der einzige Weg sind, um in einem Leben mit Jesus Frucht zu bringen. Mir macht das Mut. Es nimmt mir den Druck, den Auftrag, mich zu vermehren, ausfüllen zu müssen. Zwar wünsche ich mir noch ein Kind, wenn es im Rahmen des Möglichen und von Gott so gewollt ist. Aber ich weiß, dass ich auch ohne ein Kind zur Welt zu bringen, fruchtbar sein kann. Und *wie* fruchtbar ich sein kann – aber hallo!

Und wovon hängt mein Grad an Fruchtbarkeit ab? Nicht etwa von meinem Alter, meinen körperlichen Möglichkeiten oder einem Partner. Meine Fruchtbarkeit hängt davon ab, wie nah ich an Jesus, dem Weinstock, dem Lebensspender, dran bin. Wenn ich mich darum kümmere, in meinem Leben so eng, wie es nur geht, mit ihm verbunden zu sein, dann kümmert er sich um die Frucht. Die Aufgabenverteilung ist also klar und meine Panik sollte sich bei dieser Erkenntnis gegen null regulieren, weil mir bewusst wird, dass ich auch dann Frucht bringen kann, wenn keine kleinen Ebenbilder von mir über diese Erde laufen.

Ja, ich kann fruchtbar sein.
Ich will fruchtbar sein.
Ich werde Frucht bringen!

„Wir sind berufen,
ein fruchtbares
Leben zu führen,
nicht ein
furchtbares."

Maria Preani

GEISTLICHE MUTTERSCHAFT

Abgesehen davon, dass wir auch ohne eigene Kinder ein fruchtbares Leben führen können, können wir Mutter sein für andere, selbst wenn wir sie nicht geboren haben.
Bei der Frage nach dem Kinderwunsch müssen wir unser Herz prüfen: Geht es dabei um uns? Darum, dass unsere Sehnsüchte gestillt werden? Und wir müssen uns bewusst machen, dass unser Wunsch nach Erfüllung durch ein eigenes Kind nicht der wahre Geist von Mutterschaft ist, die selbstlos geben will. Wenn es uns wirklich um Mutterschaft an sich geht, darum etwas zu geben, dann könnten wir genauso gut Kinder von Freunden, unsere Patenkinder, Kinder in der Gemeinde oder anderswo begleiten und uns um sie kümmern.

Nehme ich deinen Schmerz ernst, den du fühlst, wenn dir bewusst wird, dass du vielleicht niemals ein eigenes Kind auf die Welt bringen wirst? Dass du vielleicht niemals sagen können wirst: „Das ist mein leibliches Kind"? Ja, diesen Schmerz nehme ich sehr ernst! Ich will ihn überhaupt nicht kleinreden, denn er ist für dich real.
Aber gleichzeitig will ich dich auch ermutigen. Wenn du den Schmerz überwunden hast, nach vorne schaust und dich fragst, welche Abenteuer außer eigenen Kindern sonst noch auf dich warten könnten, dann werde dir bewusst, dass du noch so viel mehr zu geben hast!

Du bist nicht allein zu dem Zweck auf dieser Welt, Kinder zu gebären! Du als individuelle Persönlichkeit hast dieser Welt etwas Einzigartiges zu geben, das Gott nur in dich allein hineingelegt hat. Die Kombination deiner Gene gibt es kein zweites Mal. Du bist einzigartig! Und genauso einzigartig wie du bist, sind die Früchte, die du bringen kannst, wenn du bereit bist, dich von Gott gebrauchen zu lassen.

SEI FRÖHLICH, DU UNFRUCHTBARE, AUCH WENN DU NIE EIN KIND GEBOREN HAST! JUBLE UND JAUCHZE, DU KINDERLOSE! DENN DU, DIE DU ALLEIN BIST, WIRST MEHR KINDER HABEN ALS EINE VERHEIRATETE FRAU.

JESAJA 54,1 HFA

Ich liebe diesen Vers aus Jesaja, weil er dazu aufruft zu jubeln, auch wenn einer unserer vielleicht größten Wünsche bisher nicht in Erfüllung ging und möglicherweise nie gehen wird. Gott spricht hier zwar zur Stadt Jerusalem, aber ich denke, wir dürfen uns diese uralten Sätze ruhig zu eigen machen, denn auch heute noch können sie in unser Leben hineinsprechen.

Ich kenne einige tolle Frauen, die auch ohne eigene Kinder geistliche Mutterschaft leben und dadurch schon mehr Kinder geprägt haben als so manche Mutter.

Eine Freundin von mir begleitet seit Jahren ein Musical-Camp für Teens und Jugendliche und investiert so in ihre musikalische Bildung und ihr geistliches Wachstum. Auf Tour ist sie eine Art Muttterersatz für die Teilnehmer.

Eine andere Freundin arbeitet seit Jahren als Erzieherin und hat in der Zeit zig Kinder geprägt und auf den nächsten Schritt in ihrem Leben vorbereitet. Wieder eine andere Freundin hat sich um den Sohn ihres Bruders gekümmert und für ihn die Mutterrolle eingenommen, als ihr Bruder das nicht mehr tun konnte.
Ich könnte noch einige andere Beispiele aufzählen, in denen kinderlose Frauen durch ihre Arbeit, ihr Ehrenamt oder ihren Einsatz in der eigenen Familie und ihrem Umfeld Mutterrollen einnehmen. Begleiten, trösten, da sein, zuhören, erziehen, fördern, lieben – all das tut auch eine Mutter. Ich möchte dich ermutigen, dich in deinem Umfeld umzusehen und dich zu fragen: Wo kann ich trotzdem Mutter sein? Und das nicht nur bei Kindern oder Teenies – auch Erwachsene brauchen Mütter und Frauen, die an Mutter statt einen positiven Einfluss auf ihr Leben nehmen.

Also, sei fruchtbar und mehre dich. Nicht im körperlichen Sinne, aber in geistlicher, geistiger, emotionaler Hinsicht.
Fülle die Welt mit dem, was nur du zu geben hast. Wenn du nah am Weinstock, nah an deinem Papa Gott lebst und liebst, wirst du wachsen und Frucht bringen, die sich vermehren wird.

konsequent

JESUS UND ICH ... UND DAS ONLINE-DATING

Es war einer dieser Abende, an denen ich mir ein bisschen leidtat – so ganz alleine zu Hause, so völlig unbestätigt in meinem Frausein. Das Jahr neigte sich dem Ende zu und ich war immer noch Single, worüber ich seit ein paar Tagen sehr frustriert war. Ich hatte irgendwie das Gefühl, ich müsste Gott da mal ein bisschen auf die Sprünge helfen. Mein Tank war so was von leer. Ich musste irgendeine Möglichkeit finden, ihn zu füllen. Und ganz plötzlich dachte ich darüber nach, wie es wohl wäre, mich bei einer Online-Dating-Plattform anzumelden. Vielleicht wäre genau jetzt der richtige Zeitpunkt dafür gekommen! Bisher hatte ich diese Möglichkeit kategorisch ausgeschlossen. „So einsam bin ich nicht, dass ich das nötig habe!" Und schon immer wollte ich meinen Mann im realen Leben kennenlernen.

Außerdem hab ich einige negative Geschichten von Freunden gehört, die bereits ihre Erfahrungen gesammelt hatten. Andererseits haben manche da auch ihren Ehemann gefunden. Eine Freundin zum Beispiel, bei der ich im letzten Jahr Trauzeugin sein durfte. Es gab also auch nachgewiesene Erfolgsgeschichten ...
Ich war gerade auf einer der typischen christlichen Partnerschaftsseiten angekommen und wirklich kurz davor, mich anzumelden, als eine Stimme in meinem Inneren mich unterbrach: „Warum willst du das tun?" Jesus stoppt mich mit seiner Frage genau in dem

Moment, in dem ich quasi schon entschieden hatte, was ich tun wollte. Und seine Frage war berechtigt. Warum eigentlich? Darüber hatte ich nicht nachgedacht. Ich war einfach einem Impuls gefolgt.
Ich klappte also meinen Laptop wieder zu und überlegte.
Auf einer dieser Seiten könnte der Richtige nur darauf warten, dass ich mich endlich anmeldete. Das wäre doch ein Argument. Doch dann fiel mir plötzlich ein Video ein, das ich kurz zuvor auf YouTube gesehen hatte. Heather Lindsey, eine amerikanische Predigerin, erzählte davon, dass es uns als Singles passieren kann, dass wir unser Leben mit Ablenkungen in Form von Männern vollstopfen, während wir auf unseren Mann warten. Wäre die Dating-Plattform nur eine Art Ablenkungsmanöver und mein Versuch, die Löcher zu stopfen, die in meinem Herzen waren? Ich erinnerte mich daran, wie mir das in der Vergangenheit auch ohne Online-Dating immer wieder passiert war – allein dadurch dass ich mich in Gedanken extrem mit verschiedenen Männern beschäftigt und meine Zeit dadurch auf eine Art verbracht hatte, die weder Gott Ehre machte noch mich im Leben auch nur annähernd weiterbrachte. Ich hatte meine Gedanken und mein Herz mit den falschen Prioritäten gefüllt. (Und damit will ich nicht sagen, dass wir keine Männer kennenlernen sollen! Die Frage ist nur, welche Stellung die Suche danach in unserem Leben einnimmt.)

DURCHFORSCHE MICH, O GOTT, UND SIEH MIR INS HERZ, PRÜFE MEINE GEDANKEN UND GEFÜHLE!

PSALM 139,23 HFA

Hatte Jesus mir zu verstehen gegeben, dass es sein Wunsch ist, mich da jetzt anzumelden, weil er dort jemanden für mich hat? Nein. Diese Entscheidung hatte ich ganz allein aus rein menschlichen Bedürfnissen und Emotionen heraus getroffen. Und vor allem, das wurde mir jetzt bewusst, wollte ich bestätigt werden. In meiner Vorstellung hatte ich mich angemeldet, ein Foto von mir hochgeladen, auf dem ich mir so richtig gut gefiel, und sofort jede Menge positive Rückmeldungen und bestätigende Worte erhalten. Das war es also. Ich wollte Aufmerksamkeit und einen kleinen Boost für mein Ego!

Hatte ich aber auch Lust und Kapazität, mich mit zig Männern, die ich dort vielleicht kennenlernen würde, online zu unterhalten und dann zu treffen oder Small Talk zu führen, der am Ende nirgendwo hinführen würde? Eigentlich nicht. Eigentlich hätte dieser Schritt es mir nur für einen Moment besser gehen lassen und ich hätte mein Bedürfnis nach Zuwendung, Liebe, Aufmerksamkeit, emotionaler Geborgenheit und Bestätigung an der falschen Stelle zu stillen versucht. Ich wollte mein Herz damit vollstopfen und es so für den Moment ruhigstellen, um die Einsamkeit nicht zu spüren. Aber das war der falsche Weg und die falsche Motivation.

UND WENN ICH IN GEFAHR BIN,
MICH VON DIR ZU ENTFERNEN,
DANN BRING MICH ZURÜCK
AUF DEN WEG ZU DIR!

PSALM 139,24 GNB

Will ich den richtigen Mann an meiner Seite haben? Ja. Könnte ich ihn da treffen? Vielleicht ja. Aber ich sage jetzt einfach mal so, im Vertrauen auf meinen Gott, der alles kann, und dem nichts unmöglich ist:

JESUS, ES TUT MIR LEID, DASS ICH MEINE SEHNSÜCHTE NICHT BEI DIR, SONDERN BEI EINEM SCHLECHTEN ERSATZ STILLEN WOLLTE. ICH VERTRAUE DIR, DASS DU DEN RICHTIGEN MANN FÜR MEIN LEBEN KENNST, UND DASS DU UNS ZUSAMMENFÜHREN KANNST WIE ADAM UND EVA. AUF WELCHEM WEG DAS PASSIEREN WIRD, ÜBERLASSE ICH AB JETZT WIEDER DIR UND BITTE DICH UM DIE GEDULD, DAS AUSZUHALTEN, BIS ES SO WEIT IST.
ZEIG MIR, WAS DRAN IST BIS DAHIN UND HILF MIR, DEN FOKUS WIEDER GANZ AUF DICH AUSZURICHTEN.

Wenn ich weiß, dass ich von Jesus zuerst geliebt und bereits vollkommen gesehen und angenommen bin, muss ich auch nicht mit dem erstbesten Mann, der mir über den Weg (oder den Bildschirm) läuft, eine Beziehung eingehen, nur um meine Sehnsucht nach Liebe zu stillen oder meine Leere im Herzen zu füllen.

Darum hat Jesus sich bereits gekümmert – und ich darf es annehmen und zulassen. Und dann darf ich auch wählerisch und konsequent sein, wie ich mir meinen zukünftigen Mann aussuche – getreu diesem englischen Sprichwort:

„Yes, I am single. You're gonna have to be amazing to change that!"

Verfasser unbekannt

„Ja, ich bin Single. Und du musst schon unfassbar großartig sein, um das zu ändern!"
Was würde es in deinem Inneren verändern, wenn du diesen Satz aus voller Überzeugung sagen könntest?
Es würde vielleicht bedeuten, dass du dir deiner selbst bewusst bist, und dass der aktuelle Beziehungsstatus nicht deinen Wert ausmacht. Du hättest genug damit zu tun, aus deinem Leben das Beste und Wundervollste zu machen, das du von dir aus erreichen kannst. Und du wärst extrem zufrieden damit. Und wenn jemand in dieses Leben hineinkommen will, dann muss er schon etwas Besonderes sein, um das bereits großartige Leben, das du als Single führst, nicht zu verschlechtern. Da passt nicht jeder rein.

Und das ist nicht überheblich gemeint, sondern aus einer extrem zufriedenen Haltung heraus. Weil man den anderen nicht braucht, um glücklich zu sein, sondern weil der andere einfach noch ein Sahnehäubchen wäre, ohne das man leben kann, aber nicht muss.

WER SATT IST, WILL AUCH DEN BESTEN HONIG NICHT MEHR SEHEN; DEM HUNGRIGEN ABER SCHMECKT SOGAR DAS BITTERE SÜß.

SPRÜCHE 27,7 HFA

WIE HUNGRIG BIST DU?

Bist du schon ausgehungert?
Wenn du voll bist mit Gutem und nicht verzweifelt suchend durch die Gegend rennst, dann hast du auch nicht das Bedürfnis, deine hungrige Seele mit dem Nächstbesten zu trösten, das dir über den Weg läuft.
Mach deine Standards nicht kleiner, nur weil du verzweifelt bist. Fülle deine Seele mit dem, was satt macht. (Und damit meine ich nicht Schnulzen bis zum Abwinken auf Netflix, Schokolade, exzessive Shoppingtouren etc. …)

Welchen Preis bist du bereit zu zahlen, um nur ja nicht mehr alleine zu sein? Hast du jetzt daran gedacht, „Jeden!" zu rufen? Würdest du jeden Preis zahlen? Dann denk lieber noch einmal über die ganze Sache nach!

„Lieber den Spatz in der Hand als die Taube auf dem Dach." Sicher kennst du dieses Sprichwort. Und vielleicht hast du in Bezug auf Männer auch schon öfter so gedacht und einfach den Spatz genommen, wenn das mit der Taube zu schwierig schien. Aber was wäre, wenn die Taube eigentlich erreichbar gewesen wäre?
Was, wenn sie nur nicht zu dir geflogen kam, weil deine Hände bereits voll waren mit dem Spatz? Gib dich nicht mit weniger zufrieden, nur damit du etwas in der Hand hast. Still deinen Hunger nicht mit einer schnellen Lösung. Und lass dich nicht von Leuten verunsichern, die dir sagen, du hättest zu hohe Ansprüche, nur weil du an guten Standards festhältst.

Dazu eine kurze Geschichte von mir:
Während meiner Ausbildung zur Erzieherin, ich war damals ungefähr 20 Jahre alt, unterhielt ich mich mit einigen Mitschülerinnen in der Pause. Natürlich sprachen wir auch über Männer und ich erzählte von einem Mann aus meinem Umfeld, von dem ich ahnte, dass er ein Auge auf mich geworfen hatte. Manchmal kann man das ja am Verhalten einer Person erkennen. Leider war es so, dass ich diesen Mann zwar nett fand, aber eben nicht mehr, und ich mich deshalb auch nicht für ihn als potenziellen Partner interessierte. Als eine Mitschülerin hörte, dass ich bis dahin noch nie in einer Beziehung gewesen war, sagte sie zu mir, dass ich doch mit diesem

Mann, der ein Interesse an mir zu haben schien, eine Beziehung eingehen könne, um Erfahrungen zu sammeln.
Puh, was für ein schlechter Rat! Noch heute schüttele ich den Kopf über so eine kurzsichtige Idee. Ich sollte also diesen Mann verletzen, indem ich eine Beziehung einging, obwohl ich kein aufrichtiges Interesse an ihm hatte? Und mich gleich dazu? Denn eine Beziehung hinterlässt immer Spuren auf unseren Herzen. Umso wichtiger ist es, sich von den richtigen Menschen und nicht von seinen Gefühlen beraten zu lassen!

Dafür müssen wir unsere Natur loslassen und mit dem Heiligen Geist zusammenarbeiten, um nicht aus Angst, Sehnsucht, Frustration, Unzufriedenheit, Trauer oder aus unserem eigenen Willen heraus zu handeln und uns einfach irgendwas zu suchen, das uns für den Moment glücklich machen könnte. Lass dir von ihm zeigen, was du unternehmen sollst und was nicht. Lass dir von ihm Frieden schenken. Handle nicht aus dir heraus, einfach nur weil du dir jetzt jemanden an deiner Seite wünschst. Gott hat uns nicht umsonst den Heiligen Geist gegeben, der uns am besten in allen Lebensbereichen beraten kann.

VERTRAUE VON GANZEM HERZEN AUF DEN HERRN UND VERLASS DICH NICHT AUF DEINEN VERSTAND. DENKE AN IHN, WAS IMMER DU TUST, DANN WIRD ER DIR DEN RICHTIGEN WEG ZEIGEN.

SPRÜCHE 3,5–6 NLB

Lass dir den richtigen Weg zeigen. Auch in der Wahl deines Partners. Lass dir von ihm zeigen, was gut für dein Leben ist und was nicht.

DER HERR ABER SIEHT DAS HERZ AN

Da wir den Menschen nur bis vor die Augen sehen können, und uns jegliche Gedanken von anderen verborgen sind, sollten wir uns von dem beraten und leiten lassen, der bis ins Herz eines jeden Menschen schauen kann. Denn Gott, dein himmlischer Vater, der dich liebt und weiß, was das Beste für dich ist, sieht das Herz an.

DER HERR SIEHT NICHT AUF DAS, WORAUF DER MENSCH SIEHT; DENN DER MENSCH SIEHT AUF DAS, WAS VOR AUGEN IST, DER HERR ABER SIEHT DAS HERZ AN.

1. SAMUEL 16,7 SLT

Es ist zwar superwichtig, dass wir uns auch von Menschen, die uns gut kennen und lieben, beraten lassen, wenn es um die Partnerwahl geht. Aber Gott ist der Einzige, der tiefer sehen und uns somit am besten den Weg zeigen kann.
Nimm ihn mit ins Team und überlass ihm die Hauptstimme, wenn du dich für deinen Partner entscheidest, mit dem du den Rest deines Lebens verbringst. Dieser Mensch wird nach Gott am meisten Mitspracherecht in deinem Alltag und den größten Einfluss auf dein Leben haben. Dieser Mensch wird mit dir, und manchmal vielleicht sogar für dich, Entscheidungen treffen. Dieser Mensch wird nachfolgende Generationen in deinem Leben prägen. Ob das nun eigene Kinder sind, Kinder in deinem Umfeld oder Menschen, die du leitest. Deine Entscheidung betrifft nicht nur diesen Moment und nicht einmal nur dich selbst. Sie wird Auswirkungen auf viele haben. Deshalb wähle gut und wähle mit Gott, denn er sieht das Herz an!

Und Gott weiß nicht nur, welchen Partner du jetzt brauchst und wer heute an deine Seite passt, sondern er weiß auch, wie dein Leben in zwanzig oder vierzig Jahren aussieht. Er kennt deine Berufung und den Plan, den er für dein Leben hat. Davon ahnst du nicht mal ein Minimum.

ER IST AM LEBEN UND ATMET

Erst wenn du weißt, wer du eigentlich bist und wo deine Berufung liegt, kannst du eine gute Entscheidung für deine Zukunft treffen. Denn erst dann weißt du, was du zu bieten hast. Und dann bist du dir viel zu schade dafür, einfach nur eine Beziehung einzugehen, um endlich eine Beziehung zu haben. Frei nach dem Motto: Ich suche jemanden mit Gemeinsamkeiten: Er ist am Leben und atmet - passt perfekt!
Weil deine Partnerwahl so einen großen Einfluss auf dein ganzes restliches Leben haben wird wie kaum eine andere Entscheidung und weil der Mensch, mit dem du dein Leben vielleicht einmal teilen wirst, auch am meisten in dein Leben hineinsprechen darf (abgesehen von Gott natürlich), ist es gut, an deinen Standards festzuhalten. Es ist wichtig, dass du es dir selbst wert bist, nicht aus einem Moment der Einsamkeit heraus den Erstbesten zu nehmen, der sich anbietet, oder den Erstbesten, der dir über den Weg läuft und vielleicht sogar nur ein paar rein äußerliche Kriterien erfüllt. Verliebtheit oder ein anziehendes Äußeres sind kein ausreichendes Kriterium für eine gute Wahl, die das ganze Leben betrifft.
Bitte versteh mich nicht falsch: Es ist total okay, dass du dich nach Liebe sehnst. Aber es ist nicht okay, sie um jeden Preis haben zu wollen. Es hilft dir nicht weiter, deine Standards aufzugeben, um nur ja nicht mehr alleine zu sein. Wie viele Menschen haben genau so ihr Leben in die falsche Richtung gelenkt?

„Eine schlechte Ehe ist tausendmal schlimmer, als für den Rest deines Lebens Single zu bleiben."

Rick Warren

Ich weiß, das wollen wir nicht hören. Wir wollen nicht den Rest unseres Lebens alleine bleiben. Auf gar keinen Fall. Denn wir sind ja bereit!
Aber stell dir doch einmal für einen Moment die schlimmste Ehe vor, die du dir nur ausmalen kannst. Vielleicht kennst du so eine Ehe oder hast sie sogar in deinem Elternhaus miterlebt. Möglicherweise hast du auch selbst schon so eine Ehe hinter dir …
Stell dir vor, dass alles, was du nie erleben wolltest, in deiner Ehe Realität geworden wäre. Und jetzt frage dich noch mal ganz ehrlich: Wäre es dir eine solche Ehe wirklich wert, deine Freiheit als Single aufzugeben?

Ja, ich rede bewusst von Freiheit. Denn nur selten ist uns bewusst, wie frei wir als Singles eigentlich sind. Wir sehen oft nur das, was uns fehlt, wonach wir uns sehnen. Aber meine eigenen Entscheidungen treffen zu können, ohne sie erst mit einer anderen Person absprechen zu müssen oder gar auszudiskutieren, wodurch sich die Entscheidung ewig hinzieht, die ich selbst innerhalb von Sekunden getroffen hätte – das ist für mich eine große Freiheit!

Frag dich doch einfach mal, wie viele Kompromisse du bereit bist einzugehen, nur um nicht alleine zu sein? Ich will dich ermutigen, eine gute Entscheidung zu treffen, was die Wahl deines Partners betrifft. Sag nicht einfach nur aus der Not und der Sehnsucht heraus Ja zu einer Beziehung, die am Ende bloß ein großer Kompromiss ist. Wähle nicht einen Partner, den du dein Leben lang an deiner Seite hast, aber am Ende bereust, geheiratet zu haben.
Also:

Besser alleine glücklich als mit dem Falschen unglücklich!

KEINE KOMPROMISSE

Die Frage einer Freundin brachte mich zum Nachdenken: „Würdest du dich auf einer Singlebörse anmelden, die nicht speziell für christliche Singles ist?" Meine Antwort war tatsächlich ziemlich schnell klar.

Und zwar aus einem Grund, der in zwei Richtungen geht: Vermeidung von Verletzung und Versuchung! Klingt jetzt vielleicht etwas drastisch, aber ich sehe das so: Bei der Partnerwahl habe ich ein Kriterium, bei dem ich auch nicht zu einem Kompromiss bereit bin. Mein zukünftiger Mann muss Jesus, Gott und den Heiligen Geist von ganzem Herzen lieben! Das ist für mich nicht zu diskutieren. Egal wie überzeugend die Argumente anderer Menschen auch sein mögen, egal wie oft ich von Familienmitgliedern gesagt bekomme, dass ich meine Ansprüche doch mal etwas herunterschrauben sollte – dieser Punkt wird sich nicht ändern. Ich will und ich brauche für mein Leben, für meine Berufung einen Partner, der Jesus liebt.
Wie soll ich denn sonst mein geistliches Leben im Alltag leben? Wie soll mein Partner verstehen, wenn ich sage: „Ich habe den Eindruck, Gott hat mir gesagt, dass …"? Wie soll er mitgehen können, wenn ich sage: „Dafür sollten wir unbedingt zusammen beten"? Ich weiß, ich brauche das. Zudem glaube ich tatsächlich, dass Gott es sich auch so wünscht. Und da bin ich zu keinem Kompromiss bereit.
Wenn ich mich jetzt also bei einer nicht explizit

christlichen Singlebörse anmelden würde, könnte es passieren, dass ich jemanden kennenlerne, der mir extrem gut gefällt. Er könnte alles haben, was ich mir jemals erträumt habe. Mit dieser einen Ausnahme: Er glaubt nicht an Gott. Das wäre nach dieser langen Zeit des Singlelebens, nach dieser langen Zeit des Wartens und der Sehnsucht schon eine ziemlich große Versuchung. Ich denke, manchmal ist es wichtig, sich von etwas fernzuhalten, wenn man weiß, dass es eine Versuchung sein könnte. Aber nicht nur das. Ich glaube auch, dass man dadurch Verletzungen vermeiden kann, und zwar auf beiden Seiten. Den vermeintlichen „Traummann" kennenzulernen, nur um dann festzustellen, dass er die Voraussetzung Nummer eins meiner Kriterien für die Partnerwahl nicht erfüllt, noch dazu die eine, die für mich unumstößlich ist, wäre für mein Herz vermutlich nicht so leicht zu ertragen. Das kann ich mir automatisch ersparen.

Abgesehen davon wäre es dem anderen gegenüber nicht fair. Wenn ich doch von vornherein weiß, dass ich keine Beziehung und erst recht keine Ehe mit einem nicht christlichen Partner eingehen will, warum soll ich dem anderen Hoffnungen machen? Warum soll ich mich mit einer Person treffen, seine Zeit verschwenden, seine Hoffnungen enttäuschen und ihn vielleicht verletzen, wenn ich das doch einfach verhindern kann?

„Und wenn er durch dich zum Glauben kommt?", fragst du vielleicht. Natürlich könnte das passieren. Aber es gibt keine Garantie dafür und „Missionsdating" will ich nicht. Ich wünsche mir, dass die Ebene eines tiefen Glaubens schon beim Kennenlernen eine Rolle spielt, und da gehe ich keine Kompromisse ein!

Ein paar Grundsätze möchte ich dir noch mit auf den Weg geben. Ich persönlich bin überzeugt davon, dass sie sinnvoll sind, wenn es um die Wahl des Partners fürs Leben geht.

- Vertraue Gott voll und ganz, dass er dich im Blick hat.

- Gib bloß nicht auf und gib dich nicht mit weniger zufrieden, nur weil du schon so lange wartest!

- Umgib dich mit guten Freunden, die dich gut beraten können. (Ich hab mal gehört, dass man der Durchschnitt aus den fünf Menschen ist, mit denen man die meiste Zeit verbringt.)

- Und einen potenziellen Partner betreffend: Er muss mit Jesus leben, und zwar überzeugt. Man kann in seinem Leben gute Denk-, Glaubens- und Verhaltensmuster erkennen. Denn wenn es schon jetzt negative Muster gibt, könnten sie sich später immer wiederholen.

- Du siehst gute Frucht in ihm und seinem Leben (die Frucht des Heiligen Geistes, siehe Galater 5,22-23).

- Eure Berufungen passen zusammen.

- Du findest ihn anziehend. Denn so wichtig alle anderen Punkte sein mögen, ganz ohne Anziehung geht es nicht, auch wenn es nicht das erste und einzige Kriterium sein sollte, nach dem du suchst.

FAZIT

Du kannst dich in viele Menschen, aus den falschen Gründen (Sehnsucht, Unzufriedenheit, Einsamkeit…) verlieben. Das bedeutet aber nicht, dass diese Menschen die richtige Wahl für dein Leben wären, nur weil sie gerade „im Angebot" sind, oder weil du gerade Lust hattest, „shoppen" zu gehen. „Onlineshopping" ist davon übrigens nicht ausgeschlossen (**zwinker*).

MEHR ALS ALLES ANDERE,
WAS MAN SONST BEWAHRT,
BEHÜTE DEIN HERZ!
DENN IN IHM ENTSPRINGT
DIE QUELLE DES LEBENS.

SPRÜCHE 4,23 ELB

gelassen

WARTEZEITEN

„Langsam wird es was."
Das singe ich gerade vor mich hin, während ich darauf warte, dass meine Suppe in der Mikrowelle warm wird. Immer wieder muss ich kurz testen, ob die Temperatur schon stimmt.
Langsam wird es was …
Ja, langsam, damit habe ich immer wieder ein Problem. Meine Geduld reicht oft nicht aus für dieses „langsam". Sie reicht meistens nur für „in ein paar Minuten", allerhöchstens für „in ein paar Tagen".
Wenn aber manches noch Zeit braucht, um dann auch wirklich fertig und genießbar zu sein, dann braucht es vielleicht manchmal Wochen, Monate, oder sogar Jahre …
Puh, ganz schön herausfordernd.
Noch viel stärker fordert mich heraus, dass ich nicht im Voraus weiß, wie lange ich warten muss. Oder würde es mir am Ende gar nicht leichter fallen, wenn ich das wüsste? Vielleicht wäre ich dann trotzdem noch ungeduldig und würde sagen: „Soo lange noch?!?"
Bis meine Suppe fertig war, dauerte es tatsächlich vier Mal wärmen, testen, weiter aufwärmen … bis sie die für mich passende Temperatur hatte und ich sie mit einem leckeren französischen Baguette genießen konnte.
Zugegeben: Viermal dreißig Sekunden warten sind wirklich nicht die Welt. Das schafft sogar ein kleines Kind, wie man so schön sagt.

Aber viermal dreißig Tage? Viermal dreißig Wochen? Viermal dreißig … o nein, das möchte ich mir gar nicht ausmalen. Ich kann nur weiterhin um die Geduld bitten, die ich für meine Wartezeiten brauche. Und darauf hoffen, daran glauben, dass Gott sie mir geben wird.
Das Gute ist nämlich – und das ist uns viel zu selten bewusst –, dass er mit uns wartet. Er kennt und versteht unsere Ungeduld. Aber er weiß eben am Ende auch genau, was gut für uns ist, und warum es manchmal besser ist zu warten, und nichts zu überstürzen, sei das Warten noch so hart.
Danke, Jesus, dass du mit uns wartest. Danke, dass du unsere Wartezeiten mit deiner Gegenwart verkürzt, segnest und uns veränderst, während wir warten.
Vielleicht ist das sogar das Wertvollste daran …?

DER HERR, DER HEILIGE GOTT ISRAELS, HAT ZU EUCH GESAGT: "WENN IHR ZU MIR UMKEHRT UND STILLHALTET, DANN WERDET IHR GERETTET. WENN IHR GELASSEN ABWARTET UND MIR VERTRAUT, DANN SEID IHR STARK."

JESAJA 30,15 GNB

ALLES ZU SEINER ZEIT

Als ich vor ein paar Jahren an meinem ersten Album arbeitete, hatte ich die Idee, auch Texte mit ins CD-Booklet zu nehmen. Sie sollten als Ermutigung zwischen den Liedtexten stehen. Ich wusste nicht, wie ich alleine ein Buch herausbringen sollte, deshalb erschien mir diese Idee als gute Alternative. Ich stellte jedoch fest, dass ich mir diese zusätzlichen Seiten zu dem Zeitpunkt nicht leisten konnte, da eine komplett selbst finanzierte Albumproduktion schon teuer genug war. Also musste ich diese Idee loslassen. Ich wurde ruhig darüber und beschloss, die Sache an Gott abzugeben. Mir war klar, dass er von meinem Traum wusste, eine Sammlung meiner Texte herauszubringen, um Menschen zu ermutigen. Ich sagte ihm, er habe mir die Texte ja schließlich geschenkt und wenn er wolle, dass auch andere Menschen etwas davon haben, müsse er sich um das Wann und Wie kümmern. Ich stellte also mein Album fertig und das Buch überließ ich einfach Gott. Einige Monate später schrieb mich eine Mitarbeiterin vom Neukirchener Verlag an, die mich Monate zuvor bei einem Kongress in der Worshipband hatte singen hören. Sie fragte mich, ob ich mir vorstellen könnte, bei ihnen einen Lyrikband zu veröffentlichen. Sie wusste gar nicht, dass ich Texte schreibe, aber sie hatte den Eindruck, mir schreiben zu sollen. Das war für mich eindeutig kein Zufall, sondern Gottes Handschrift. Bis klar war, dass aus dem Buch wirklich etwas werden würde, gingen noch ein paar

Monate ins Land. Aber am Ende war es so weit und das Buch erschien ein Jahr nach der Veröffentlichung meines Albums. Für mich ist das immer noch eine unfassbare Geschichte. Ich glaube, dass Gott schon damals dieses Buch wollte, nur war es noch nicht dran. Und auch die Form war nicht die richtige. Ich hätte die Texte einfach in ein Booklet gepackt und viele hätten sie da vielleicht übersehen. Gott wollte ein Buch daraus machen, was ich im Nachhinein viel cooler und größer finde als das, was ich mir vorgestellt hatte.

Ich weiß natürlich, dass ein Mann kein Buch ist und man beides nicht völlig vergleichen kann. Aber ich finde, dass man die Art und Weise, wie alles entstanden ist, übertragen kann. Wenn ich glaube, dass es für alles einen guten Zeitpunkt gibt, den Gott vorbereitet, dann muss ich auch da vertrauen lernen. Mir fiel das oft leichter in allen anderen Lebensbereichen, was daran lag, dass ich dort schon sehen konnte, dass Gott ein Timing hat und sein Timing das Beste ist. In Sachen Partnerschaft musste ich schon immer sehr stark darauf vertrauen, dass Gott sie auch im Blick hat, denn hier sehe ich nichts. Nichts, was darauf hindeutet, dass er sich darum kümmert und mich nicht aus dem Blick verliert. Zugleich möchte ich nichts vorwegnehmen, was einfach noch nicht dran ist. Auch das Richtige wäre zur falschen Zeit nicht gut. Ich will voller Vertrauen auf Gott warten und daran glauben, dass er etwas noch viel Cooleres geplant hat, als ich selbst jemals gekonnt hätte. Aber eben zu seiner Zeit. Jetzt brauche ich nur noch die Geduld, die ich mir auch von ihm schenken lassen muss. Und bis es so weit ist, will ich genießen, was ich habe, und dafür dankbar sein!

ALLES AUF DIESER WELT HAT
SEINE IHM GESETZTE FRIST:
GEBOREN WERDEN HAT SEINE ZEIT
WIE AUCH DAS STERBEN. (...)
WEINEN HAT SEINE ZEIT
WIE AUCH DAS LACHEN.
KLAGEN HAT SEINE ZEIT
WIE AUCH DAS TANZEN. (...)
UMARMEN HAT SEINE ZEIT
WIE AUCH DAS LOSLASSEN.
SUCHEN HAT SEINE ZEIT
WIE AUCH DAS VERLIEREN. (...)

SCHWEIGEN HAT SEINE ZEIT
WIE AUCH DAS REDEN.
LIEBEN HAT SEINE ZEIT
WIE AUCH DAS HASSEN.
KRIEG HAT SEINE ZEIT
WIE AUCH DER FRIEDEN.
GOTT HAT ALLEM AUF DIESER
WELT SCHON IM VORAUS SEINE
ZEIT BESTIMMT! (...)
DADURCH WURDE MIR KLAR, DASS
ES DAS BESTE FÜR DEN MENSCHEN
IST, SICH ZU FREUEN UND DAS ZU
GENIEẞEN, WAS ER HAT.

PREDIGER 3,1–12 NLB

Werde ruhig vor dem Herrn und warte **gelassen** auf sein Tun!", lesen wir in Psalm 37,7 (GNB, meine Hervorhebung).
Was bedeutet es eigentlich, gelassen warten?

Ruhig sein.
In Gottes Gegenwart bleiben.
Sein Tun erwarten.
Warten, bis er eingreift.

Nichts tun. Das ist schon mal ganz klar. Damit geht's ja los. Das heißt, ich soll einfach warten? Gar nichts tun? Dabei habe ich doch diesen starken Drang, etwas zu tun, etwas voranzubringen, Bewegung in die ganze Sache zu bringen. Ich will einen Prozess sehen. Und dafür muss ich etwas tun. Oder nicht? Manchmal ist es so viel härter, nichts zu tun, als Dinge anzupacken. Einfach so zu warten, puh, das ist anstrengend! Warten bedeutet in diesem Fall, dass ich Gott sein Ding machen lasse. Ich überlasse es ihm, was er tun will. Ich traue ihm zu, vertraue darauf, dass er es gut machen wird. Und gleichzeitig erwarte ich, dass er etwas tut. Und das ist dann das, was ich tun kann: Gelassen bleiben und Gottes Wirken erwarten. Das ist schon herausfordernd genug. Sollte reichen, um mich eine Weile zu beschäftigen …

WARTE STILL UND GEDULDIG DARAUF, DASS DER HERR EINGREIFT!

PSALM 37,7 HFA

LAUT GEDACHT

Manche Leute haben ständig jemanden an ihrer Seite. Kurz nach einer Trennung sind sie schon wieder zu zweit, müssen nie warten und haben lange Einsamkeit nie kennengelernt. Und andere - so wie viele meiner tollen Freundinnen und ich – liegen jahrelang, jahrzehntelang allein in ihren Betten und fragen sich, was sie falsch gemacht haben.
Was sie ändern müssten, damit es endlich klappt.
Warum es ausgerechnet bei ihnen so lange dauert.
Ist es vielleicht, weil wir die Einsamkeit besser ertragen, besser tragen können? Wäre ein merkwürdiger Grund ... Ich würde mir viel lieber einen anderen wünschen. Zum Beispiel den:

Auf die besten Dinge im Leben muss man manchmal am längsten warten.

ABER WENN DU ES SAGST …

SIMON ANTWORTETE:
„MEISTER, WIR HABEN UNS DIE GANZE NACHT ABGEMÜHT UND HABEN NICHTS GEFANGEN, ABER WEIL DU ES SAGST, WILL ICH DIE NETZE AUSWERFEN."

LUKAS 5,5 NGÜ

Wie viele Nächte lang hast du bereits unzählige Netze ausgeworfen und nichts gefangen? Wie viele Jahre lang hast du bereits versucht, den Einen „einzufangen" und er ist dir doch entwischt? Das Netz blieb leer. Du bliebst erfolglos. Über so viele Jahre ist das genau meine Erfahrung gewesen. Ich habe meine Netze ausgeworfen und am Ende blieben sie leer. Alle Anstrengungen waren umsonst. Meine Gefühle wurden nicht erwidert, meine Hoffnungen enttäuscht und ich war mal wieder verletzt, weil ich nicht das zurück bekam, was ich gegeben hatte. Irgendwann hab ich es dann bleiben lassen. Nicht weil ich so frustriert war, dass ich die Suche aufgab. Sondern weil ich verstand, dass ich erfolgreicher bin, wenn ich darauf warte, dass Jesus mir sagt, wann ich mein Netz auswerfen soll. Dieser Bibelvers wurde mir ganz neu bewusst im Bezug auf meine Methode, mir einen Mann zu „angeln".

Ich hatte bis auf ein einziges Mal nie den Eindruck, dass Gott mich ermutigte loszulegen. Und, ganz ehrlich, ich habe ihn auch nicht vorher gefragt, ob es der richtige Zeitpunkt ist. Wenn nach dem Netz- auswerfen mein Herz gebrochen war, habe ich ihm etwas vorgejammert und ihn gebeten, mir die Gefühle für den Mann zu nehmen, wenn die Beziehung nicht seinem Willen entsprach. Das hat irgendwie nie so richtig geklappt und gelitten habe ich trotzdem. Mittlerweile bin ich total davon überzeugt, dass es der richtige Weg ist, Gott zu fragen, wann etwas dran ist. Er weiß, was (oder wer) am besten für mich ist. Und wenn Jesus sagt: „Jetzt!", dann muss es der richtige Zeitpunkt sein. Und dann will ich auf ihn hören und das Gehörte in die Tat umsetzen. Er kennt den perfekten Zeitpunkt. Bis dieser Moment gekommen ist, richte ich den Blick auf Jesus und nicht auf den Fang. Ich warte auf sein Zeichen. Fragst du dich gerade, wann endlich deine Zeit kommt? Hast du Angst, dass dir die Zeit durch die Finger rinnt? Vielleicht ist es eher dran dich zu fragen, wen du hier eigentlich anbetest? Kann es sein, dass du die Zeit mehr anbetest und ihr mehr vertraust als Gott? Gott ist nicht an Zeit gebunden. Sein Handeln ist nicht an Zeit gebunden. Er kann bis zur letzten Sekunde deines Lebens etwas tun und dich auf dieser Erde gebrauchen, Gutes bewegen, dich überraschen.

Lerne, Gott wieder neu anzubeten, und nicht die Zeit, die dir Sorgen macht und immer weniger zu werden scheint. Gott ist nicht zeitlich eingeschränkt. Im Gegenteil, die Zeit liegt in seinen Händen.
Auch deine!
Und deshalb wirst du auch zu jeder Zeit rechtzeitig dran sein mit allem, was Gott für dich hat.

Sei zufrieden mit der Zeit, in der du gerade lebst. Nicht weil diese Zeit so gut ist, sondern weil Gott gut ist. Und dann wird deine Zeit auch ok sein.

ICH VERTRAUE AUF DICH,
O HERR; ICH SAGE:
DU BIST MEIN GOTT!
IN DEINER HAND STEHT
MEINE ZEIT.

PSALM 31,15–16 SLT

TICK TACK

Ein leises Ticken.
Ich höre es in mir, immer eigentlich.
Es läuft in meinem Alltag immer weiter.
Manchmal wird es sehr laut.
Das passiert besonders in den Momenten, in denen ich mich in meinem Kopf um das drehe, was mir noch fehlt.
Das Ticken erinnert mich an die Zeit, die vergeht.
An die Zeit, die mir durch die Finger zu rinnen scheint wie bei einer Sanduhr.
Wie viel Zeit ich wohl noch habe?

Für vieles, was der Körper so kann, gibt es Grenzen und Zeitrahmen.
Wir Menschen sagen Sätze wie: „Wenn du bis dahin kein Kind bekommen hast, musst du es aufgeben, noch Mutter zu werden."
Ich frage mich, ob ich das wirklich muss.
Muss ich diesen Wunsch aufgeben, ohne wirklich zu wissen, ob er in Gottes Plan für mein Leben vorgesehen ist? Kann ich nicht auch einfach leben und dann sehen, was kommt?

Ich möchte so gerne gelassen vorwärtsgehen. Im Glauben daran und im Vertrauen darauf, dass Gott es gut mit mir meint.
Ob auch ein Kind dazugehört, weiß ich nicht. Aber ich will einfach glauben, dass es so sein wird, wenn es so sein soll, und dass es auch klappen wird, egal, wie alt ich bin und egal, was Menschen sagen, ab wann man diesen Wunsch offiziell abhaken muss.
Mein Körper gehört Gott. Und darum soll auch er entscheiden, wann es dran ist, diesen Wunsch aufzugeben. Bis dahin lasse ich es offen. Ich entscheide nichts. Ich lege es in Gottes Hand und lasse ihn die Entscheidung treffen.

Ich höre mich um. Kein Ticken mehr. Die Uhr ist verstummt. Sie stresst mich nicht mehr.
Und Friede zieht ein in mein Herz.

WIE WIR WARTEN

Wenn wir auf etwas warten müssen, haben wir verschiedene Möglichkeiten: Wir können entspannt bleiben, können glauben, dass alles gut gehen wird, egal wie lange es dauert, und dabei unser Leben genießen. Oder wir können uns ständig Sorgen machen, ob das, worauf wir warten, auch eintreffen wird – gepaart mit der Angst, was alles passieren kann, wenn es anders kommt. Gelassenheit ist das Gegenteil von Unruhe, Stress und Nervosität. Also eine Art innere Ruhe. Und die muss irgendwo herkommen. Um diese Ruhe zu bekommen, muss ich lernen, Gott zu vertrauen.

Natürlich kann ich alle paar Minuten zu meinem Beet laufen, in das ich etwas gepflanzt habe, und nachschauen, ob es schon gewachsen ist. Ich kann sogar täglich den Samen wieder ausgraben und schauen, ob er endlich aufgegangen ist. Aber wer würde das in einem echten Garten tun? Und warum tun wir es dann in unserem Lebensgarten? Bringt uns das etwa die erhoffte innere Ruhe?

Wenn ich getan habe, was ich tun konnte, muss ich den Rest einfach mal Gott überlassen. Ich muss die Saat ruhen lassen, geduldig sein, vertrauen, dass unter der Erde etwas wächst.

Und wenn die nötige Ruhe dafür nicht von alleine kommt, kann ich das tun, was mich zum Kern von Gottes Wesen bringt und mir hilft, sein Herz zu erkennen:

Zeit mit ihm verbringen,
in seinem Wort lesen,
ihn immer besser kennenlernen,
mich mit anderen über ihn austauschen.
Und dann darf ich loslassen. Je mehr ich weiß, wie Gott ist, desto leichter wird mir das fallen. Wenn ich glaube, dass Gott gut ist, und dass er mir nicht willentlich etwas vorenthält, was gut für mein Leben ist, dann kann ich gelassen sein. Ich kann das Zweifeln und das Misstrauen einfach mal sein lassen! Und wenn es mir dann immer noch schwerfällt, dann setze ich mich mit Gott hin und arbeite mit ihm daran, ihm voll und ganz vertrauen zu lernen, dass ich und meine Sehnsüchte, meine gesamte Zukunft sicher bei ihm sind.

„Hier darf ich sein, hier darf ich ausruhen. Einfach nur sein und warten bei dir.
Was kommt und was sein wird, das liegt nicht in meiner Hand, es liegt nur in deiner und ist sicher bei dir.
Ich bin sicher bei dir."

Katja Zimmermann

Gelassen kann ich loslassen und auf sein Tun warten. Im tiefen Vertrauen, dass er gut ist und dass er es wert ist, angebetet zu werden. Auch in meiner Ungewissheit und in meinem Warten ist er es wert. Nur weil ich noch nicht habe, was ich mir wünsche, ändert sich diese Tatsache nicht. Ich will nicht aufhören, Gott trotzdem zu loben. Denn das wird meine Gelassenheit stärken und einen Unterschied in meinem Umfeld bewirken, weil andere Menschen uns dabei zusehen, wie wir unsere Wartezeit verbringen. Deshalb kann unser gelebtes Vertrauen und unsere Anbetung ihnen zur Inspiration werden.

VOLL ZUVERSICHT HOFFTE ICH AUF DEN HERRN, UND ER WANDTE SICH MIR ZU UND HÖRTE MEINEN HILFESCHREI (...) ER GAB MIR EIN NEUES LIED IN MEINEN MUND, EINEN LOBGESANG FÜR UNSEREN GOTT. DAS WERDEN VIELE LEUTE HÖREN, SIE WERDEN DEN HERRN WIEDER ACHTEN UND IHM GANZ NEU VERTRAUEN.

PSALM 40,2.4 HFA

Gott ist nicht zu langsam. Wir sind zu ungeduldig.

In den letzten Jahren begegnen mir immer wieder Parallelen zwischen unserem Leben und einem Garten.
Wie zum Beispiel das Bild eines Gewächshauses: Hier können Pflanzen in einem geschützten Umfeld wachsen, bevor sie umgetopft oder umgepflanzt werden. So ähnlich bereitet Gott uns manchmal in einem sicheren Rahmen auf Situationen vor, bevor er uns hineinstellt.
Garten steht für Wachstum. Er steht aber auch für Jahreszeiten, für verschiedene Phasen. Jede Pflanze hat ihre eigene Zeit, in der sie gesät werden will, in der sie wächst und blüht und Frucht bringt. Ein Garten steht auch für Arbeit, für Beschneidung. Und für Unkraut, das zwischendurch beseitigt werden muss, damit die Pflanzen, die wachsen sollen, nicht überwuchert werden.
In Gottes Garten hat jede Pflanze ihren Platz und bekommt die Aufmerksamkeit, die sie braucht, um zu dem zu werden, was sie werden soll. Gott sieht jede seiner Pflanzen und weiß genau, was sie braucht, um zu wachsen und zu blühen. Jede sät er an dem für sie eigens ausgesuchten Platz aus, in die Erde, die er vorbereitet hat. Er kümmert sich um das richtige Maß an Regen, Wind und Sonne. Und dann braucht es Zeit. Zeit, die wir oft nicht haben oder uns nicht nehmen. Wir wollen alles am liebsten sofort und wissen dabei gar nicht, dass es besser ist, langsam zu wachsen, damit unsere Wurzeln sich tief

in die Erde graben, damit wir beim nächsten Sturm, der mit Sicherheit irgendwann kommen wird, nicht davongeweht und entwurzelt werden. Wir müssen warten, müssen Geduld haben. Gerade das fällt uns oft so schwer. Aber Gott hat Zeit. Die Zeit in seinen Händen wird anders gemessen als hier bei uns. Denn er hat den Vorteil, dass er das Ergebnis schon kennt. Das macht es ihm vielleicht leichter zu warten als uns.
Aber er wartet mit uns. Darauf, dass wir wachsen und aufblühen. Er freut sich darauf, wenn wir in voller Pracht erstrahlen werden. Er gibt uns alles, was wir dafür brauchen: Sonne, Wind und Regen. Und seinen Segen, denn an dem ist, wie man so schön sagt, ja alles gelegen. Und dann lasse ich mir an seiner Gnade genügen und warte gelassen auf sein Tun!

*Wenn du alles getan hast,
was du tun kannst,
dann ist es vielleicht
an der Zeit, einfach
zu ruhen und Gott
machen zu lassen.*

hoffen,
glauben,
vertrauen

UND GLÜCKSELIG IST,
DIE GEGLAUBT HAT;
DENN ES WIRD ERFÜLLT
WERDEN, WAS IHR VOM
HERRN GESAGT WORDEN IST!

LUKAS 1,45 SLT

REGENBÖGEN

Während ich gerade an diesem Kapitel über das Hoffen, den Glauben und das Vertrauen arbeite, blicke ich aus dem Fenster und sehe über dem Haus gegenüber einen wunderbar klaren, strahlend bunten Regenbogen. Begeisterung sprudelt laut aus meinem Mund. Ich laufe zum Fenster und kann sogar den kompletten Bogen erkennen, der von einer Seite zur anderen verläuft. Wow, wie wunderschön! Plötzlich wird mir bewusst, dass es bei dem Regenbogen damals in der Bibel (1. Mose, 9) darum ging, dass Gott Noah etwas zugesagt hatte. Er gab ihm ein Versprechen. Und der Regenbogen sollte eine immer wiederkehrende Erinnerung an dieses Versprechen sein.
Keine Ahnung, auf welche Versprechen von Gott du so wartest in deinem Leben. Vielleicht hast du ja tatsächlich auch den Eindruck, dass Gott dir einen Partner für dein Leben versprochen hat. Was auch immer er für dein Leben vorgesehen hat, was auch immer er zugesagt hat, er wird es tun!

Ich will dich heute neu ermutigen, den Glauben daran nicht zu verlieren, dass Gott seine Versprechen hält.
Achte doch mal auf die Regenbögen, die dir so im Alltag begegnen – die echten in der Natur und die gemalten und gedruckten überall. Nimm sie als Zeichen dafür, dass Gott seine Versprechen hält.
Es mag sein, dass uns hier und da die Geduld abhandenkommt, wenn wir länger als erhofft auf etwas warten müssen. Aber sei dir sicher, dass Gott halten wird, was er verspricht.

WAS ER GESAGT HAT, WIRD ER AUCH TUN

Leider erleben wir manchmal, dass Versprechen, die gegeben wurden, einfach gebrochen werden. Was uns zugesagt wurde, wird doch nicht eingehalten. Termine, die ausgemacht wurden, werden kurzfristig wieder abgesagt, manchmal aus für uns nicht nachvollziehbaren Gründen. Per Handy wird ganz unkompliziert ein Treffen abgeblasen oder sogar Schluss gemacht. Unsere Gesellschaft hat sich dazu entwickelt, nicht mehr beständig und zuverlässig zu sein. Es scheint, als gingen diese Werte mehr und mehr verloren. Wenn ein Wort gegeben wird, wird es nicht mehr automatisch auch eingehalten. Und Menschen scheinen zu erwarten, dass wir das hinnehmen, vielleicht sogar Verständnis zeigen.

Beständigkeit und Verlässlichkeit sind Mangelware geworden. Das Problem ist: Auch wenn uns diese Verhaltensweise stört, haben wir uns langsam an sie gewöhnt (und übernehmen sie vielleicht sogar selbst). Wenn ein Freund immer wieder die ausgemachten Termine absagt, entwickelt man eine Strategie zur Vermeidung von Enttäuschung. Man geht grundsätzlich erst einmal davon aus, dass es vermutlich nicht klappen wird (und kann sich dann umso mehr freuen, wenn doch etwas daraus wird). Wir gewöhnen uns daran, nichts mehr zu erwarten. Es gehört zu unserem Alltag, dass Menschen ihr Wort nicht halten und uns enttäuschen.

Wie ist es aber mit Gott? Vergleiche ich ihn mit den Menschen in meinem Umfeld und gehe auch erst einmal davon aus, dass er sein Wort nicht hält, weil ich mich schon so daran gewöhnt habe?

In Psalm 118,8 steht: „Es ist besser, auf den Herrn zu vertrauen, als sein Vertrauen auf Menschen zu setzen."

Gott ist anders als die Menschen! Wenn Gott dir sein Wort gibt, dann steht er auch dazu. Er wird es halten. Es kann sein, dass es manchmal etwas dauert, bis der richtige Moment gekommen ist. Und das Warten darauf lässt uns vielleicht glauben, dass er uns vergessen hat oder doch so einzuschätzen ist wie die Menschen, die uns immer wieder im Regen stehen lassen. Aber ich habe gelernt, dass Gott zuverlässig ist und spätestens rechtzeitig kommt.

Lass nicht zu, dass die Enttäuschungen, die du durch Menschen erlebt hast, die ihre Versprechen nicht gehalten haben, dein Bild von Gott bestimmen. Gott ist zuverlässig, verbindlich, beständig und treu. Er steht zu seinem Wort. Und was er gesagt hat, das wird er auch tun!

EIN TIPP

Um mich selbst in den Bereichen zu ermutigen, in denen es mir manchmal schwerfällt zu glauben, hilft es mir, Gottes Zusagen in der Bibel nachzuschlagen und laut zu lesen. Zusätzlich habe ich sie in meiner Bibel farblich markiert, damit ich sie immer wiederfinde. Hier sind ein paar Beispiele aus Jesaja, in denen immer wieder betont wird, dass Gott treu und zuverlässig ist. Falls du diese Ermutigung auch gerade brauchst, dann lies dir diese Verse laut vor oder häng sie dir irgendwo hin, wo du sie immer wieder sehen kannst. Denn auf Gott kannst du dich zu hundert Prozent verlassen, weil er auch heute noch derselbe ist und bleibt: „Er, der Vater des Lichts, ändert sich nicht" (Jakobus 1,17 HFA). So wie er seine Versprechen gegenüber den Menschen in der Bibel gehalten hat, wird er auch seinen Zusagen an dich treu sein.

WAS ICH, DER HERR, SAGE, IST GERECHT: WAS ICH ANKÜNDIGE, TRIFFT EIN.

JESAJA 45,19 HFA

DANN WIRST DU SEHEN, DASS ICH, DER HERR, FÜR DICH DA BIN UND DASS NIEMAND ENTTÄUSCHT WIRD, DER MIR VERTRAUT.

JESAJA 49,23 GNB

MEINT IHR, ICH, DER HERR, WERDE ETWAS ANFANGEN UND NICHT ZU ENDE FÜHREN?

JESAJA 66,9 GNB

DER HERR, DER ALLMÄCHTIGE GOTT, HAT GESCHWOREN: WAS ICH MIR VORGENOMMEN HABE, DAS TUE ICH. WAS ICH BESCHLOSSEN HABE, DAS GESCHIEHT.

JESAJA 14,24 HFA

WENN DER HERR, DER HERRSCHER DER WELT, SICH ETWAS VORGENOMMEN HAT, WER KANN ES DANN VERHINDERN?

JESAJA 14,27 GNB

NÄCHSTES JAHR!

Das Jahr neigt sich dem Ende zu.
Und wie so oft in den letzten Jahren stelle ich fest, dass es schon wieder nicht passiert ist. Ich lasse ein altes Jahr zurück, und gehe wieder allein in ein neues.
Wieder mal …
Nein, darüber will ich nicht betrübt sein, denn es war ein gutes Jahr. Vieles war in Bewegung und ich habe mich wieder ein Stück mehr hin zu der Frau verändert, die Gott schon von Anfang an in mir sah. Ja, es war ein gutes Jahr. Auch wenn ich schon so einige Jahre mit ähnlichen Gedanken beendete und so viele Jahre mit der Hoffnung begrüßte, dass es dieses Jahr vielleicht endlich so weit sein könnte, will ich es wieder tun: Ich will die Hoffnung nicht aufgeben. Was das angeht, bin und bleibe ich stur! Ich lasse mir nicht sagen, dass sich das mit der Hoffnung nicht mehr lohnt nach all dem Warten. Bestimmt denn die Dauer, die wir warten, ob sich Hoffnung lohnt oder ob es an der Zeit ist, sie aufzugeben? Nein, das glaube ich nicht! Und weil ich das nicht glaube, mich weigere, es zu glauben, gehe ich voller Hoffnung in das neue Jahr, dass es dieses Mal das Jahr sein könnte. Bevor ich mich nicht vom Gegenteil überzeugt habe, will ich weiter daran glauben, dass es kommen wird.
Auf ein gutes nächstes Jahr!

DER GOTT DER HOFFNUNG ABER ERFÜLLE EUCH MIT ALLER FREUDE UND MIT FRIEDEN IM GLAUBEN.

RÖMER 15,13 SLT

HOFFEN IST DIE KLEINE SCHWESTER VON GLAUBEN

„Hoffen" klingt zwar schon positiv, aber doch irgendwie auch noch nach „Bangen", was definitiv eher negativ besetzt ist. „Glauben" hingegen wird von einer Zuversicht getragen, die „Hoffen" noch nicht besitzt. „Hoffen" ist vorsichtig, zaghaft, noch nicht ganz sicher. „Glauben" ist zutiefst überzeugt und gewiss. Darum wünsche ich dir einen unerschütterlichen Glauben, auf dass deine Hoffnung groß und sicher werde, damit sie zu einem tiefen und unumstößlichen Vertrauen wird, das durch alle Zweifel hindurch aufrecht steht und sagen kann:
„Gott, ich vertraue dir.
Ich sehe gerade nichts von dem, was ich mir mal gewünscht und vorgestellt habe.
Aber ich vertraue dir.
Und ich glaube dir, dass du mich liebst und es gut mit mir meinst."

Ich kann sagen:
„Ich hoffe darauf,
dass Gott es gut
mit mir meint."
Oder ich sage:
„Ich glaube daran
und vertraue darauf,
dass Gott es gut
mit mir meint."

ICH WILL NICHT MEHR WARTEN!

O ja, ich verstehe dich. Du hast jetzt lange genug gewartet. Du denkst, dass du es nicht mehr aushalten wirst, wenn nicht bald etwas passiert, dass du sonst platzt, wenn sich nicht sofort etwas verändert. Du verlierst langsam die Geduld. Vielleicht verlierst du sogar die Hoffnung, den Glauben daran, dass es noch kommen wird. Aber ich will dich ermutigen, dranzubleiben.
Hast du schon einmal eine Frucht gegessen, bevor sie reif war? Hast du schon einmal ein Essen probiert, bevor es gar war? Ähnlich verhält es sich auch mit einer Beziehung. Wenn du sie erzwingst, kann es passieren, dass du nicht das bekommst, was du hättest haben können, wenn du lange genug gewartet hättest, weil noch nicht alles reif und bereit war. Wenn du dir etwas zu früh nimmst, kann es sein, dass es am Ende nicht schmeckt. Und dann? Bist du wieder genau da, wo du vorher warst, weil du es nicht ausgehalten hast und zu ungeduldig warst.
Kennst du solche Momente, in denen wir wie ein bockiges Kind vor Gott stehen, die Hände in die Hüften gestemmt und laut ausrufen: „Ich bin es leid! Du hast es mir versprochen! Warum sehe ich dann nichts? Willst du es mir jetzt etwa doch nicht geben? Muss ich noch irgendwas lernen, damit es endlich klappt? Ich will jetzt einfach nicht mehr warten!"
Siehst du ihn?
Kannst du sehen, wie Gott, dein himmlischer Papa, dich in diesen Momenten liebevoll ansieht?

Er versteht dich so gut! Und er liebt dich in diesem Moment so sehr. Und er wünscht sich, dass du mit all deiner Frustration zu ihm kommst, wann immer sie raus muss. Lass sie raus. Und dann lass dich von Papa in den Arm nehmen und dir versichern, dass er es schon regeln wird.

„Papa macht das, Liebling."

Lass dich von ihm daran hindern, sein Versprechen an dich vor seiner Zeit selbst in die Hand zu nehmen. Das geht niemals gut aus. (Dazu kannst du gerne mal die Geschichte von Sarah und Abraham ab 1. Mose 12 lesen, die ihre Verheißung auch nicht sahen, das Warten leid waren, und es dann selbst in die Hand nahmen, diese zu erfüllen.) Vertraue ihm! Ja, so einfach. Und doch so schwer. Aber es ist das Beste, was du jetzt tun kannst. Halte weiter daran fest. Gib deinen Traum nicht auf, dass es eines Tages so sein wird.
Und bis dahin vertraue ihm!

GOTT ZU VERTRAUEN HEIẞT: SICH VERLASSEN AUF DAS, WAS MAN HOFFT, UND FEST MIT DEM RECHNEN, WAS MAN NOCH NICHT SEHEN KANN.

NACH HEBRÄER 11,1

Oft haben wir solche Sätze schon gehört oder gedacht: „Du bist noch nicht so weit" oder „Es ist eben noch nicht dran". Das Gute ist, dass NOCH NICHT nicht automatisch niemals heißt! Und daran festzuhalten, dass etwas, das ich noch nicht sehe, noch kommen kann, ist oft sehr herausfordernd. Aber das nennt man eben Hoffnung. Und an dieser festzuhalten, ist wichtig für unser Leben. Ich möchte es lieber mit NOCH-NICHT oder BISHER-NOCH-NICHT Momenten füllen als mit das-wird-doch-niemals-etwas-Gedanken. Auf das NOCH NICHT in unserem Leben! Denn was BISHER noch nicht sichtbar ist, kann ja noch werden!

DA SAGTE JESUS:
"DU GLAUBST, WEIL DU MICH GESEHEN HAST. WIE GLÜCKLICH KÖNNEN SICH ERST DIE SCHÄTZEN, DIE MICH NICHT SEHEN UND TROTZDEM GLAUBEN!

JOHANNES 20,29 HFA

DER KÄFER MIT DEM RICHTIGEN BLICKWINKEL

Ich sitze auf meinem Balkon. Ein Käfer kommt angeflogen und landet von innen an der Mauer, die meinen Balkon einrahmt. Er krabbelt langsam die Mauer nach oben. Für ihn ist sie vermutlich unendlich lang und steil, aber er läuft kontinuierlich weiter, bis er oben ankommt. An seinem Ziel, von wo aus er wieder in die Natur fliegen kann.
Während ich den Käfer so beobachte, denke ich darüber nach, dass es ganz schön lang und anstrengend für ihn sein muss, diese steile Wand raufzuklettern. Und währenddessen kann er nur sehen, was in dem Moment vor seiner Nase ist: der nackte Stein. Er kann erahnen, dass oben die Freiheit winkt, weil es dort heller wird. Aber sehen kann er sie noch nicht.
Vielleicht fühlst du dich gerade wie dieser Käfer. Du läufst an einer anstrengend steilen Betonwand entlang, versuchst krampfhaft dich festzuhalten, deinen Halt nicht zu verlieren, siehst nur Stein vor Augen und erahnst, dass du vielleicht irgendwann oben am Ziel ankommst, wo die Freiheit ruft und die Verheißung wartet. Dann kann ich dir nur sagen: Geh weiter - Gott ist gut!
Das Weitergehen ist für mich nicht unbedingt wörtlich gemeint. Manchmal muss man auch stehen bleiben und gelassen auf Gottes Tun warten, wie es im Psalm heißt, auch wenn das oft eine unserer größten Herausforderungen ist.
Aber auch das ist manchmal wichtig.

Mit weitergehen meine ich:
Weiter vertrauen!
Weiter glauben!
Weiter hoffen!
Vertrauen, glauben und hoffen, dass Gott gut ist, dass er es gut mit uns meint und uns nicht absichtlich etwas Gutes vorenthält. In Römer 8,32 steht: „Er hat seinen eigenen Sohn nicht verschont, sondern hat ihn für uns alle in den Tod gegeben. Wenn er uns aber den Sohn geschenkt hat, wird er uns dann noch irgendetwas vorenthalten?" (GNB).
Blicke nach oben!
Richte deinen Blick auf Jesus.
In Psalm 123,1-2 wird diese Haltung formuliert: „Ich richte meinen Blick hinauf zu dir (…) Voll Erwartung blicken die Knechte auf die Hand ihres Hausherrn; aufmerksam schauen die Augen der Magd auf die Hand ihrer Herrin. So blicken wir zu dir, Herr, unser Gott, bis du uns dein Erbarmen zeigst!" (GNB).

Blicke zum Herrn.
Sei erwartungsvoll.
Sei aufmerksam.
Blicke zum Herrn.

GOTTES HERZSCHLAG WIRD LEBENDIG

Manchmal stellt man sich etwas vor, träumt vielleicht sogar davon - und sagt sich gleichzeitig, dass daraus vermutlich eh nichts werden wird, während ein kleines Stückchen Herz doch bereits an diesen Gedanken verloren ist, der nicht mehr verschwinden will. Ich spreche von diesen Träumen, die zu verrückt sind, aber doch spannend wären, selbst wenn sie noch so unerreichbar oder unlogisch und dumm klingen.
Aber gab es jemals etwas, das zu schwer gewesen wäre für unseren Gott, der das Rote Meer teilte, der Tote zum Leben erweckt, Blinde sehend macht …? Nein! Was aber nun, wenn sich dieser Traum trotz meines senfkorngroßen Vertrauens in Gottes Möglichkeiten ganz plötzlich und völlig unerwartet zerschlägt und wie eine Seifenblase zerplatzt? Weil die Sache oder der Mensch, der Traum, definitiv unerreichbar geworden ist? Gebe ich dann das Träumen auf? Glaube ich dann nicht mehr an die Größe meines Vaters?
Nein! Ich werde traurig sein. So lange bis es vorbei ist. Und das ist in Ordnung. Und wenn meine Trauerzeit vorüber ist, dann werden wieder neue Träume kommen und mein Herz erobern. Ob sie wahr werden, zeigt allein die Zeit. Aber was nach Gottes Herzen ist, das wird geschehen!

WIR DÜRFEN ZUVERSICHTLICH SEIN, DASS ER UNS ERHÖRT, WENN WIR IHN UM ETWAS BITTEN, DAS SEINEM WILLEN ENTSPRICHT. UND WENN WIR WISSEN, DASS ER UNSERE BITTEN HÖRT, DANN KÖNNEN WIR AUCH SICHER SEIN, DASS ER UNS GIBT, WORUM WIR IHN BITTEN.

1. JOHANNES 5,14–15 NLB

Und so träume ich von einem Herzen, das sich Dinge ausdenkt, Träume träumt und Wünsche hat, für die auch Gottes Herz schlägt. Denn diese werden nicht nur Träume bleiben. Sie werden geschehen und in die Wirklichkeit hineingeboren werden. Und Gottes Herzschlag wird lebendig.

„Mutige Menschen entscheiden sich dazu, auf das zu vertrauen, was sie über Gott wissen, über sein treues Wesen, anstatt darauf, was sie nicht über ihre Zukunft wissen!"

Christine Caine

„WANN, WER, WO, WIE?"

Ich habe beschlossen aufzuhören, mir diese Fragen zu stellen und mich nicht mehr mit Träumereien darüber aufzuhalten, wie es passiert, wo es passiert, wie er sein wird ... In der Bibel steht, dass wir unser Leben mit unseren Sorgen nicht auch nur um einen Tag verlängern können (Matthäus 6,27.34). Und weil der morgige Tag für sich selber sorgen wird, können wir mit unseren Grübeleien und Träumereien unserem Ziel, eine erfüllte Partnerschaft zu erleben, nicht wirklich näher kommen. Stattdessen müssen wir lernen, Gott und seinem Zeitplan zu vertrauen. Zu vertrauen, dass er uns sieht und es gut mit uns meint. Lass uns den Blickwinkel verändern und unseren Fokus auf das richten, was vor unserer Nase ist, und nicht auf das, was wir noch nicht sehen!

JESUS UND ICH

Das verschlossene Zimmer

Eines Tages besuchte Jesus mich in meinem Zuhause. Total stolz zeigte ich ihm mein ganzes Haus. Als wir an einer geschlossenen Tür vorübergingen, wurde Jesus langsamer. Er blieb stehen und ich folgte seinem Blick. Er schaute auf die geschlossene Tür.
„Was befindet sich in diesem Zimmer?“, fragte er.
„Ach das …“, druckste ich herum.
Ich hatte mich sehr auf Jesus’ Besuch gefreut. Und darauf, mit ihm durch mein Haus und die wunderschön eingerichteten Räume zu gehen. Bei diesem speziellen Zimmer hatte ich ganz bewusst die Türe verschlossen gehalten, damit er gar nicht erst auf die Idee käme, hineinzusehen. Wieso interessierte ihn dieses eine Zimmer überhaupt so sehr, wo ich ihm doch bereitwillig alle anderen Räume zeigte? Das musste doch wohl genügen!
Aber wie Jesus nun mal ist, ließ er nicht locker. Er stand immer noch in der Nähe der geschlossenen Türe und schaute mich erwartungsvoll an.
„Also gut“, kapitulierte ich. „Das ist das einzige Zimmer, das nicht fertig ist. Und deshalb wollte ich es dir einfach noch nicht zeigen“, gab ich zu.
„Erinnerst du dich an den Moment, in dem du mich eingeladen hast, in dein Haus einzuziehen?“, fragte Jesus.
„Ja, sehr gut sogar.“

„Und wenn ich mich richtig erinnere, hattest du damals gesagt, dass ich alles einnehmen und bewohnen und überall mit dir aufräumen und renovieren darf. Gilt das jetzt nicht mehr?"
Ich überlegte. Jesus hatte recht. Das hatte ich gesagt. Ich hatte ihm alles bereitwillig zur Verfügung gestellt. Mein ganzes Haus.
Und doch hielt ich dieses Zimmer vor ihm verschlossen.
Warum eigentlich? Weil es noch nicht fertig war? Weil ich mich fragte, was er von dem Inhalt des Zimmers halten würde? Oder weil ich ihm nicht zutraute, dass er sich auch um dieses Zimmer gut kümmern und mir helfen würde, wie er es schon bei all den anderen Zimmern immer wieder nach und nach getan hatte?
Vielleicht glaubte ich, dass ich es alleine besser hinkriegen würde und mich hier lieber nur auf mich selbst verlassen sollte. Denn dann würde es am Ende auch genau so werden, wie ich es mir vorstellte …
„Möchtest du mir nicht sagen, was sich in diesem Zimmer befindet? Du kannst mir vertrauen. Das weißt du doch, oder?", riss Jesus mich aus meinen Gedanken.
Ja. Eigentlich wusste ich das. Also warum zögerte ich noch?
„Na gut", sagte ich vorsichtig.
„Aber …", ich brach ab. Was genau wollte ich Jesus sagen, bevor ich diese Tür öffnete? Was musste ich ihm überhaupt sagen? Wusste er nicht längst, was er in diesem Zimmer vorfinden würde? Sicher wusste er es. Aber er wollte es aus meinem Mund hören. Und er wollte, dass ich diese Türe freiwillig öffnete.
„Ich habe lange Zeit geglaubt, dass es besser wäre,

wenn ich mich alleine, ohne dich, um dieses Zimmer kümmere", gab ich leise zu. „Ich hatte irgendwie den Eindruck, dass es dir nicht so wichtig wäre, weil du mehr in den anderen Räumen warst. Und ich hatte Sorge, dass du am Ende nicht das aus dem Zimmer machen würdest, was ich mir vorgestellt hatte. Also habe ich beschlossen, es vor dir zu verschließen. Aber du hast recht, ich habe dir etwas versprochen, und das werde ich jetzt auch halten!"
Ich ging zu der Tür, die ich schon länger nicht mehr geöffnet hatte, und zog sie langsam auf.
Sonne schien durchs Fenster, sodass der Raum ein fast verzaubertes Aussehen bekam. Staub lag in der Luft. Irgendwie sah der Raum anders aus als beim letzten Mal, als ich ihn betreten hatte. Irgendwie schöner, heller. Wie war das nur passiert? Wie konnte sich der Raum verändert haben, obwohl ich die Türe lange Zeit verschlossen gehalten hatte?
Und plötzlich sah ich es: Ich war schon in den Raum getreten und Jesus stand direkt hinter mir. Und dort, wo er den Boden mit seinen Fußen berührte, wurde das Zimmer immer heller. Irgendwie fühlte sich nun alles etwas leichter an. Und schon fiel ich Jesus um den Hals und weinte all die Tränen, die ich schon so lange zurückgehalten hatte.
Als ich mein Haus damals geplant hatte, hatte ich dieses Zimmer für meine Liebe reserviert. Für den Mann, den ich heiraten würde, und für die Kinder, die ich mir wünschte. Doch nach so vielen Jahren Leben war dieser Raum immer noch leer und ich trug eine riesige Enttäuschung darüber mit mir herum. Diese hatte den Raum dunkel und trostlos werden lassen.
Auch von Jesus war ich enttäuscht, dass er mir in diesem Raum nicht geholfen hatte.

Dass er mir nicht die Liebe geschickt hatte, damit sie darin wohnen konnte. Und weil ich ihm immer weniger vertraute, dass er sich auch um diesen Bereich in meinem Leben so kümmern würde, dass ich zufrieden damit war, ließ ich ihn einfach nicht mehr in dieses Zimmer hinein und versuchte, es alleine hinzukriegen. Irgendwann betrat ich den Raum gar nicht mehr, ließ die Türe verschlossen, weil ich einfach nicht vorankam und immer mehr frustriert als zufrieden war.
Aber in diesem Augenblick, als ich meine Tränen in Jesu Armen vergoss, wurde mir bewusst, wie sehr ich ihn vermisst hatte. Und wie sehr mir gefehlt hatte, dass er mir hier bei allem half. Ich konnte doch sehen, dass seine reine Anwesenheit so viel veränderte und besser machte. Warum hatte ich nur so lange damit gewartet, ihm Zutritt zu gewähren?
„Es ist nicht zu spät, mein Liebes", sagte er. „Wenn du es immer noch möchtest, dann helfe ich dir. Wir werden diesen Raum gemeinsam wieder hell und schön machen. Und am besten wird es gehen, wenn du mir vertraust, was die Inneneinrichtung betrifft. Lass mir freie Hand. In all den anderen Räumen hast du es auch gewagt – und sieh doch, wie sehr es sich gelohnt hat, mir zu vertrauen. Oder gefällt dir etwa nicht, was ich aus ihnen gemacht habe?"
Ich sah ihn mit meinen tränengefüllten Augen an. Er sah nicht wütend aus, weil ich ihn ausgeschlossen hatte. Nein. Sein Gesicht, und vor allem seine Augen, strahlten so viel Liebe aus. Sein Lächeln wirkte verschmitzt. Er wusste genau, dass ich Ja sagen würde, weil mir alles gefiel, was er bisher in meinem Haus gestaltet und verändert hatte. Auch da, wo er ausgemistet hatte, war alles so viel besser geworden. Es war nun leichter, den Überblick zu behalten.

Ich liebte es, wie er mein Haus auf den Kopf gestellt hatte. Es war wunderschön geworden.
Und ich freute mich, dass er dieses Wunder nun auch in dem Zimmer vollbringen würde, in dem wir jetzt standen.
Ja, ich würde loslassen müssen. Ein Stück meiner Vorstellungen, meines Timings, des Wie und Wo und überhaupt. Aber ich sah jetzt ein, dass es sich lohnen würde, Jesus auch dieses Zimmer anzuvertrauen. Und nie wieder würde ich einen Raum vor ihm verbergen und eine Tür verschlossen halten. Es sollte alles ihm gehören, jeder Winkel. Ich wusste, dass das Freiheit bedeutet. Und genau die wollte ich jetzt haben.
Arm in Arm standen wir in dem Zimmer und schauten uns den Raum an, der so viel Potenzial hatte. Und Jesus fragte mich, was ich mir wünschte, womit ich ihn gerne füllen würde. Meine Angst, dass ich möglicherweise überhaupt kein Mitspracherecht bekäme und Jesus alle meine Wünsche ignorieren oder ablehnen würde, war also völlig unbegründet gewesen. Es würde grandios werden, das war mir jetzt klar.
Und ich freute mich darauf!

VERTRAUE AUF DEN HERRN
VON GANZEM HERZEN
UND VERLASS DICH NICHT
AUF DEINEN VERSTAND.

SPRÜCHE 3,5 SLT

versorgt

DER GÄRTNER

In seinem Garten wachsen nur die wunderschönsten Blumen und Pflanzen. Nur die, die er unbedingt dort haben will, weil sie seinen Garten verschönern. Und alles, was er pflanzt, versorgt er auch, gibt ihm, was es braucht, damit es wachsen und gedeihen kann. Genauso ist Gott zu uns. Er hat uns in seinen großen Garten gepflanzt, damit wir dort wachsen, ihn verschönern, groß und stark werden und reiche Frucht bringen. Um alles, was wir dafür brauchen, kümmert er sich. Um Regen, Sonnenschein, Dünger und sogar um das Zurechtschneiden, wenn es nötig wird. Manchmal auch ums Umtopfen, wenn unser Topf zu klein geworden ist. Oder ums Umsetzen, wenn wir woanders besser wachsen können.
Ja, er versorgt, was er in seinen Garten gepflanzt hat. Verkümmern lässt er uns nicht, auch wenn die Sonnenstrahlen nicht immer dann kommen, wenn wir es uns wünschen, und auch dann, wenn wir den Regen nicht wollen. Doch weil er uns tränkt und neue Nahrung zum Weiterwachsen gibt, muss sich beides wohl abwechseln, auch wenn mir nur Sonne am liebsten wär. Ohne Regen würde ich verdursten und Gott weiß das. Der Gärtner weiß alles über seine Pflanzen. Besonders wie er sie versorgen muss, damit sie zu den schönsten und stärksten Pflanzen heranwachsen können, die in seinem Garten je gesehen wurden.
Gott, der Gärtner, weiß, was du brauchst, damit du wächst und gedeihst, erblühst und aufblühst.
Er weiß es und er gibt es. Zu seiner Zeit.

Gott gibt uns
nicht immer das,
was wir wollen.
Aber er gibt uns
immer das, was
wir brauchen – dann,
wenn wir es brauchen.

ALLE EURE SORGEN
WERFT AUF IHN;
DENN ER SORGT
FÜR EUCH.

1. PETRUS 5,7 SLT

UNÜBERSEHBAR

Woher kommt dieser Gedanke, dass wir übersehen, ja, sogar vergessen werden? Wie oft schon haben wir gedacht, Gott hätte vergessen, dass wir noch immer hier stehen und darauf warten, dass er sein Versprechen hält? Wenn ich so darüber nachdenke, wird mir allerdings klar, dass Gott in seinem Wort mit keiner Silbe versprochen hat, dass wir alle einen Partner finden und heiraten werden. Aber dass er uns mit dem versorgt, was wir brauchen, das hat er zugesagt.

Es ist vermutlich Ansichtssache, was genau dazugehört. Brauchen wir eine Partnerschaft zum Überleben? Eher nicht. Ohne Luft, Wasser, Nahrung, Schlaf und Licht zu leben, wäre um einiges schlimmer und quasi unmöglich. Aber ohne partnerschaftliche Beziehung können wir schon leben. Und zwar nicht nur überleben, auch wenn es sich für den ein oder anderen manchmal so anfühlen mag. Einsamkeit ist ein großes Problem in unserer Gesellschaft. Aber bedeutet ein Leben als Single auch automatisch, dass wir in Einsamkeit leben müssen?

Ich denke nicht. Dass es nicht gut ist, dass der Mensch alleine ist, steht schon in der Bibel (1. Mose 2,18). Aber damit verspricht Gott nicht, dass er für jeden einen Ehepartner vorgesehen hat. Die Bibelstelle, in der uns das zugesagt wird, habe ich tatsächlich noch nicht gefunden.

Was Gott aber verspricht, ist, dass alle Dinge uns zum Besten dienen, wenn wir ihn lieben und ihm vertrauen. Trotzdem mag es uns manchmal schwerfallen zu vertrauen, besonders eben in diesem Bereich, wenn sich scheinbar nichts bewegt und nichts verändert. Aber ich möchte dich ermutigen: Was auch immer du gerade in deinem Leben vermisst, wird nichts daran ändern, dass Gott dich sieht, dass er dich liebt, dass er gut ist und dich versorgt! Das ist die Wahrheit, in der wir alle leben dürfen und auf die wir uns ausrichten sollten.

Hab Hoffnung, meine Schwester. Hab Glauben. Und vertraue deinem Gott, dass er dich mit ALLEM versorgt, was du brauchst!

EUER VATER WEIß, WAS IHR BRAUCHT. SORGT EUCH NUR DARUM, DASS IHR EUCH SEINER HERRSCHAFT UNTERSTELLT, DANN WIRD ER EUCH SCHON MIT DEM ANDEREN VERSORGEN.

LUKAS 12,30–31 GNB

JESUS UND ICH

„Willst du mich mehr?"

Ich hatte eine kleine Reise in ein Gebetshaus unternommen, um Jesus ganz bewusst zu begegnen. Ich wollte den Lärm des Alltags ausblenden und ihm Raum geben, zu mir zu sprechen.
Da saß ich also. Tausend Gedanken in meinem Kopf und ich kam nicht zur Ruhe. Warum war ich hierhergekommen? Ich wollte so gerne etwas hören. Ich wünschte mir eine Bestätigung, eine Zusage, irgendwas, das mich ermutigen könnte für die nächste Zeit. Und wenn ich ganz ehrlich war, wollte ich am liebsten etwas von Gott hören, das mir bestätigte, dass mein Mann quasi schon auf dem Weg zu mir war und mein Warten nicht mehr lange andauern würde. Nur ein ganz kleines Wort, ein Hinweis …
Ich übernachtete am selben Ort. Einschlafen war in dieser Nacht allerdings eher schwer für mich, weil mein Kopf einfach nicht abschalten wollte. Ich hatte immer noch nichts Konkretes von Gott gehört, was mich in meinem speziellen Anliegen weiterbrachte. Und plötzlich stellte mir Jesus mitten in die Stille hinein eine einzige Frage. Keine Antwort, keine Zusage, eine Frage:

„Willst du MICH mehr, als dass ich deinen Wunsch erfülle?"

Jesus hat so eine Art, Fragen zu stellen, die mir oft erst die Sprache verschlagen und mich dann zum Nachdenken bringen. Puh, was für eine Frage war das denn bitte?! Sofort begann das Gedankenkarussell, sich in Bewegung zu setzen: Wollte Jesus damit sagen, dass ich nicht heiraten werde? Dass ich aufhören soll, darauf zu warten? Dass ich das für alle Zeiten abhaken muss? Oder war das einfach nur sein Versuch, meine Aufmerksamkeit wieder voll und ganz auf ihn auszurichten? Es stimmt schon, manchmal brauchen wir so kleine Schocker, die uns helfen, uns wieder auf das zu fokussieren, was wirklich wichtig ist. Aber das?

DU SOLLST KEINE ANDEREN GÖTTER NEBEN MIR HABEN!

2. MOSE 20,3 SLT

Konnte es sein, dass dieses Ziel, der ersehnte Partner, in meinem Leben an Jesus' Stelle gerutscht war, und ihm jetzt seine Position auf dem Thron meines Herzens streitig machte? Der Wunsch nach dem Partner fürs Leben kann schnell zu unserem Ersatzgott werden und unsere Suche danach zu unserer Religion.

BETE SIE NICHT AN UND DIENE IHNEN NICHT! DENN ICH, DER HERR, DEIN GOTT, BIN EIN EIFERSÜCHTIGER GOTT.

2. MOSE 20,5 SLT

Jesus wünschte sich meinen ungeteilten Fokus. Er wünschte sich, dass ich um seiner selbst willen mit ihm Zeit verbringen und mit ihm reden wollte. Nicht nur um etwas über einen möglichen zukünftigen Ehemann zu erfahren. Und er wünschte sich, dass ich diesen Wunsch vom Thron meines Herzens schubse, damit er selbst wieder Platz darauf nehmen konnte. Er wollte mein ganzes Herz und nicht nur einen Teil davon. Um den Rest würde er sich dann schon kümmern!
Was würdest du auf seine Frage antworten?

JESUS SAGT: „ICH BIN GENUG."

Vielleicht hast du diesen Satz schon einmal gehört, dass Jesus uns genug sein soll. Sogar in bekannten Liedtexten finden wir diese Aussage:
„Jesus, du allein bist genug.
Du bist alles für mich."

Wie oft hast du vielleicht sogar genau dieses Lied gesungen und gedacht, dass du es nicht aus vollem Herzen mitsingen kannst, weil du gar nicht glaubst, dass Jesus allein genug ist? Vielleicht hast du geglaubt, wenn du diese Wahrheit annimmst und aussprichst, wirst du keinen Partner mehr bekommen und musst den Wunsch danach aufgeben. Und aus dieser Angst heraus hast du nicht mitgesungen.
Vielleicht haben dir auch andere Menschen gesagt, dass Jesus dir nicht genug sein muss, es vielleicht sogar gar nicht sein kann, und dass er das niemals von uns verlangen würde. Ganz ehrlich, ich bin mir nicht sicher, warum Menschen uns das sagen.
Natürlich brauchen wir Gemeinschaft. Und natürlich brauchen wir Menschen um uns herum, mit denen wir das Leben teilen können, das uns geschenkt wurde. Aber wenn wir nur das hätten, und wir hätten Jesus nicht? Ich persönlich glaube, dass uns dann das Wichtigste fehlen würde, was wir in dieser Welt nur haben können.
Ich möchte dich dazu ermutigen, Jesus zu vertrauen, ihm zu glauben, wenn er dir sagt, dass du mit ihm alles hast, was du brauchst. Und ich wünsche dir, dass dich diese Entscheidung an den Punkt bringen wird, an dem du komplett und zu hundert Prozent überzeugt sagen kannst, dass Jesus genug ist.
Dass er für dein Leben genug ist.
Dass er für dein Herz genug ist.
Dass er für deine Zukunft genug ist.

Und das ist keine Entscheidung „Ehemann gegen Jesus". Nein. Ein Partner kann vielleicht noch zusätzlich dein Leben bereichern, wenn es so sein soll. Aber Jesus sollte den ersten Platz einnehmen. Er sollte derjenige sein, zu dem du zuerst Ja sagst.

Denn er hat schon von Anfang an zu hundert Prozent Ja zu dir gesagt.

Er sollte die Quelle deiner Freude sein. Derjenige, der deinen Wert bestimmt. Mach dich nicht davon abhängig, ob du einen Partner hast oder nicht, denn du hast schon einen Partner, der unbedingt dein ganzes Leben mit dir teilen will. Er ist an deiner Seite. Mit ihm kannst du Entscheidungen treffen, wenn es dir alleine schwerfällt. Von ihm kannst du dich trösten lassen, wenn du dich einsam fühlst. Er ist da. Er geht mit dir. Und vor allem: ER IST GENUG. Weil er alles ist: Wahrheit, Weg und Leben.

„Jesus, öffne mein Herz. Lass mich sehen und verstehen, dass du mich liebst", heißt es in dem Lied weiter. Wenn wir verstehen, dass er uns liebt und deshalb genug ist, dann können wir uns bei ihm füllen lassen, können an seiner Quelle auftanken, um aus einem guten Selbstwert und einem zufriedenen Leben heraus anderen seine Liebe weiterzugeben. Ob das unsere Mitmenschen sind, unsere Freunde und Familien oder ob das ein Partner ist, ist erst mal egal. Wenn wir von der richtigen Quelle gefüllt und mit allem versorgt werden, was wir brauchen, dann können wir ganz anders mit unseren Lebensumständen umgehen und anderen etwas geben. Nicht weil wir dafür etwas zurückerwarten, sondern weil wir von der nicht versiegenden Quelle Jesus gefüllt werden, die unser Leben zum Überfließen bringt und uns selbstlos und dankbar werden lässt, weil wir wissen, dass wir geliebt sind!

AUS SEINEM GROẞEN
REICHTUM WIRD EUCH GOTT,
DEM ICH GEHÖRE,
DURCH JESUS CHRISTUS
ALLES GEBEN, WAS IHR
ZUM LEBEN BRAUCHT.

PHILIPPER 4,19 HFA

*Ehe ist nicht
das ultimative
Geschenk
Gottes.
Gott selbst
ist es.*

VOLLE GENÜGE!

ICH BIN GEKOMMEN,
DAMIT SIE DAS LEBEN
HABEN UND
VOLLE GENÜGE.

JOHANNES 10,10 LUT

Volle Genüge. Voll. Genug.
Nicht halb voll oder womöglich halb leer.
Nein! Voll. Und zwar genug.
Das bedeutet ohne Mangel.
Du musst keinen Mangel leiden.
Jesus schenkt voll ein, er hat genug für dich, es reicht aus, es füllt, er gibt dir genug.
Kannst du deine Vorstellung von genug hinter dir lassen und mit seiner zufrieden sein?
Bist du zufrieden mit diesem Genug?

PSALM 23,1

DER HERR IST MEIN HIRTE;
MIR WIRD NICHTS MANGELN. **(SLT)**
DER HERR IST MEIN HIRTE,
NICHTS WIRD MIR FEHLEN. **(HFA)**
DER HERR IST MEIN HIRTE,
ICH HABE ALLES, WAS ICH
BRAUCHE. **(NLB)**

DU FLIEẞT

Wie eine sanft dahinplätschernde Quelle
strömst du durch mein Herz.
Du legst dich behutsam über all die Narben, all die Löcher.
Du fließt in mich hinein, durch mich hindurch und wieder heraus.
Dein sanftes Rauschen erfüllt mein Innerstes.
Mit deinem Wasser tränkst du Orte in mir, die trocken geworden sind.
Alles, was dürstet, wird von dir gestillt.
Meine Sehnsucht trinkt Hoffnung bei dir.
Deine sanften Wellen bringen mein Herz in Bewegung.
Ganz langsam und vorsichtig.
Niemals überfordernd oder zu schnell.
Du kennst mein Tempo und du fließt an Stellen,
zu denen sonst niemand findet.
Deinen Lauf erkennt man nicht immer.
Manchmal fließt du ungesehen.
Und irgendwann wirst du ganz plötzlich wieder sichtbar, trittst hervor, nimmst deinen Lauf wieder auf und fließt sichtbar durch mein Leben.
In den Zeiten, in denen du unterirdisch fließt, bleibst du nicht stehen.
Du fließt, bewässerst, gibst Nahrung, versorgst, lässt erblühen und wachsen.
An deinen Ufern gedeiht alles,
was nah an deiner Seite bleibt.

ICH SEGNE JEDEN, DER SEINE
HOFFNUNG AUF MICH,
DEN HERRN, SETZT UND
MIR GANZ VERTRAUT.
ER IST WIE EIN BAUM, DER
NAH AM BACH GEPFLANZT IST
UND SEINE WURZELN ZUM
WASSER STRECKT: DIE HITZE
FÜRCHTET ER NICHT, DENN
SEINE BLÄTTER BLEIBEN GRÜN.
AUCH WENN EIN TROCKENES
JAHR KOMMT, SORGT ER SICH
NICHT, SONDERN TRÄGT JAHR
FÜR JAHR FRUCHT.

JEREMIA 17,7–8 HFA

frei

GENIEẞE ES, SINGLE ZU SEIN!

Du fragst dich, was es da zu genießen gibt? Ganz einfach: Als Single hast du jede Menge Freiheiten. Aber vor lauter Unzufriedenheit darüber, noch nicht verheiratet zu sein, übersehen wir schnell, was wir jetzt haben und genießen könnten, wenn wir es denn sehen würden.
Jetzt bist du frei. So frei wie vielleicht nie wieder in deinem Leben. Und für diesen vielleicht neuen Blick auf dein Leben als Single, für den Blick, der die Vorteile entdeckt und feiert, muss man manchmal auch erst frei werden.

„Das Wichtigste am Singlesein ist, es zu genießen! Denn egal ob man nur eine Woche oder sein ganzes Leben lang allein ist, vielleicht hat man nur einen Moment, in dem man absolut an niemanden gebunden ist. Nicht an Eltern, ein Haustier, Geschwister, Freunde. Ein Moment, in dem du ganz für dich bist. Wirklich und wahrhaftig Single. Und dann … ist er vorbei."

Diese letzten Worte aus dem Film „How to Be Single" (übersetzt: „Wie man Single ist") klingen noch nach. Und ich bin begeistert. Begeistert davon, dass der Film nicht wie eine der üblichen Hollywoodschnulzen endet, bei denen sich die Hauptdarstellerin am Ende doch noch den Traumprinzen angelt. Das Gegenteil ist der Fall: Nach mehreren Versuchen kommt sie tatsächlich bei sich an – und bei der

Überzeugung, dass es auch sein Gutes haben kann, Single zu sein.
Dass es Vorteile hat und dass man diese Zeit einfach genießen sollte. Sie steht am Ende ganz allein auf einem Berg und blickt hinunter in die Schlucht. Sie ist einfach mal ihrem Herzen gefolgt, anstatt den Vorstellungen der Männer, mit denen sie immer zusammen war.
Also doch ein Happy End. Wenn auch anders als erwartet. Und auch anders als gewohnt. Denn genau das wird uns ja vorgemacht, dass wir am Ende immer den Traumprinzen finden müssen, damit es ein glückliches Ende ist. Ich persönlich würde sagen, das ist eine Lüge, die uns da von der Filmindustrie erzählt wird und von der wir uns nur schwer befreien können, weil wir sie so sehr verinnerlicht haben, dass wir schon fast selbst glauben, dass es keine andere Option für ein Happy End gibt. Es mag sein, dass Frauen zu Zeiten meiner Oma keine andere Wahl hatten, als ihre Versorgung durch eine Ehe zu sichern. Aber heute sieht es doch anders aus und wir dürfen die Freiheit genießen, die wir als unabhängige Singlefrau in der Gegenwart haben.
Vielleicht warst du schon einmal an dem Punkt, an dem dein Leben für dich okay war, an dem du alles gut alleine auf die Reihe gekriegt hast. Und dann schauten Leute dich bedauernd an, als sie während einer Unterhaltung von deinem Beziehungsstatus erfuhren. Wie oft schon habe ich den Satz gehört: „Du willst doch auch endlich einfach nur glücklich sein!" und dachte: „Eigentlich bin ich glücklich ...".
Lass dir von niemandem einreden, dass du unglücklich sein musst als Single. Du darfst dankbar und zufrieden sein mit dem Leben, das du jetzt hast. Werde dir der Freiheit bewusst, die du jetzt gerade hast.

So frei bist du tatsächlich nur als Single …
Paulus war übrigens sehr überzeugt von den Vorteilen der Ehelosigkeit und der Freiheit, die sie bedeutet. Er schrieb darüber in 1. Korinther 7 – es lohnt sich definitiv, das mal komplett zu lesen!

BRAUTKLEIDER-TETRIS

In einer Phase, in der ich dachte, Gott hätte mir meinen zukünftigen Mann gezeigt, sah ich mir eine Zeit lang sehr intensiv Brautkleider im Internet an. Ich dachte, auch wenn noch nichts klar ist zwischen mir und diesem Mann, kann ich doch schon mal vorausplanen und schauen, was mir gefällt. Dann geht es schneller, wenn ich später ein Kleid kaufen muss.
Ist das nicht ein bisschen typisch für viele Frauen? Wir lernen jemanden kennen und testen schon, wie sein Nachname mit unserem Vornamen zusammenklingt. Wir schauen uns Brautkleider im Netz an und überlegen, welche Location uns am besten gefallen würde. Dabei ist noch nicht einmal klar, ob aus diesem Mann und mir etwas wird!
Ich für meinen Teil hatte mich so auf die Brautkleider konzentriert, dass ich in meinen Träumen nur noch Kleider sah. Mein Geist war voll damit und total beschäftigt mit etwas, das überhaupt noch nicht dran war.
Kennst du das Spiel Tetris? Da kommen von oben immer verschieden geformte Balken herunter und

man muss diese schnell und geschickt an geeigneter Stelle einfügen, um zu gewinnen. Als Jugendliche habe ich das oft gespielt und nachts im Bett sah ich dann vor meinem inneren Auge diese Balken von oben nach unten laufen, weil meine Augen tagsüber dauernd dieses Spiel gesehen und sich daran gewöhnt hatten.
Manchmal träumen wir dann so, dass es unsere Hoffnungen und Wünsche zu bestätigen scheint. Aber mal ganz ehrlich und unter uns: Wenn ich mir stundenlang Brautkleider anschaue, könnte es passieren, dass ich auch davon träume – und das muss dann keineswegs eine Prophezeiung Gottes sein, dass ich bald heiraten werde, sondern ist vielleicht einfach nur eine Folge meiner intensiven Beschäftigung damit!

Mir wurde bewusst, dass mich das von den Themen ablenkte, die zu der Zeit in meinem Leben wichtiger waren. Schließlich hatte mich nicht kürzlich der Mann meiner Träume um meine Hand gebeten, sodass ich bald ein Kleid benötigen würde. Und so musste ich mich zwingen, nicht mehr durch die Seiten der Brautmodenanbieter zu scrollen. Es war fast ein wenig zu einer Sucht geworden, möglichst bald schon das perfekte Brautkleid zu finden, um bereit zu sein, wenn es dann endlich so weit war. Aber ganz ehrlich: Das ist nicht die Vorbereitung, von der ich im Kapitel „bereit" gesprochen habe. Im Prinzip war es unnötige Zeitverschwendung. Natürlich ist es okay, mal zu schauen, was mir grundsätzlich so gefällt. Aber dann muss ich das Thema auch wieder loslassen und mich mit den Dingen auseinandersetzen, die tatsächlich in meiner aktuellen Lebenssituation dran sind.

FOKUS

Lebe so, als wüsstest du, dass Gott dich versorgen wird, dass er deinen Mann kennt und sich um dein Herz kümmert. Denn wenn du wüsstest, dass Gott dich umsorgt, dann könntest du dich entspannen und deine Gedanken auf andere Themen richten. Du könntest fragen, was Gott möchte, was er sich für dich vorstellt und wo er dich gebrauchen will, statt nur über das Thema Mann nachzudenken.

Was für eine große Freiheit würde darin liegen?!

ALICE IM WUNDERLAND

Am Ende von „Once Upon a Time in Wonderland", einer etwas anderen Verfilmung von „Alice im Wunderland", bedankt Alice sich bei dem weißen Kaninchen, dass es sie ins Wunderland gebracht hat. Zum Abschied sagt das Kaninchen zu ihr:
„Viele haben das Wunderland betreten und wieder verlassen. Aber nur die ganz Besonderen begreifen je, worum es dort wirklich geht."
„Die Liebe zu finden", vermutet Alice.
„Sich selbst zu finden!", erwidert das Kaninchen.

Loslassen heißt nicht: aufgeben.
Man lässt einfach nur los.

LOSLASSEN

Ich lasse etwas.
Nämlich das Festhalten.
Das lasse ich in Zukunft einfach sein.
Ich lasse das ständige Mich-im-Kreis-Drehen, indem ich alles tausendmal in meinen Gedanken durchspiele.
Ich lasse die Vorwürfe gegenüber Gott und fange an, in meine Beziehung zu ihm zu investieren, um neues Vertrauen in seine Versorgung zu gewinnen.

BEFREIE DEIN HERZ

Ja, loslassen kann wehtun. Besonders dann, wenn ich meine eigenen Wünsche und genauen Vorstellungen, mein Timing und meine enge Sicht auf das, was ich mir wünsche, hinter mir lassen muss.
Wenn Gott uns auffordert, etwas loszulassen, dann werden wir misstrauisch. Wir haben schließlich über Jahre die Vorstellung davon in unserem Herzen genährt, haben uns ausgemalt, wie und wann die perfekte Begegnung zwischen uns und unserem Traumpartner stattfinden sollte. Ganz zu schweigen von unserer Traumhochzeit ...

Die Aufforderung zum Loslassen klingt fast, als ob wir das Erhoffte nicht bekommen sollen, als ob es uns bewusst vorenthalten wird. Und wir steigern uns in die Vorstellung hinein, dass Gott uns unser Glück nicht gönnt. Ich zum Beispiel dachte, es würde genau so werden, wie es bei meiner Mama war. Sie hat meinen Papa mit 19 kennengelernt, ihn mit 22 geheiratet, mit 25 bekam sie das erste Kind und mit 28 dann das zweite. Perfekt. Genau so wollte ich es auch machen. Haha, klar, vor allem machen!
Liebe kann man nicht machen. Das ist mir mittlerweile klar. Und somit wurde meine Zeitplanung komplett über den Haufen geworfen, als ich mit 22 noch nicht einmal das erste dieser Ziele von meiner Liste streichen konnte.

Als ich vor ein paar Jahren dann mal wieder einen Mann loslassen musste, der nicht dieselben Gefühle für mich hatte wie ich für ihn, kam mir während einer Zeit mit Gott plötzlich der Gedanke, dass ich mein Herz frei machen muss. Natürlich war mir schon bewusst, dass ich alles loslassen musste, was ich mir an Zukunft mit diesem Mann vorgestellt, ausgemalt und sogar irgendwie eingeplant hatte. Aber erst als ich den Satz „Befreie dein Herz" noch einmal genauer betrachtete, wurde mir seine Bedeutung klar.
Es ging darum, meine Vorstellungen loszulassen, mein Timing und am allermeisten: mein Misstrauen.

Ich musste frei werden von dem Gedanken, dass mich der Gott, der mich in allen anderen Bereichen meines Lebens so gut versorgte, im Bereich Liebe und Partnerschaft aber nicht versorgen würde. Ich musste meine Angst loslassen, dass er weniger als sein Bestes für mich bereithält.

Und auch die Angst, dass ich am Ende alleine bleiben könnte oder Gott mir jemanden zugedacht hat, der mir absolut nicht gefällt.
Dazu möchte ich auch dich ermutigen. Denn seine Möglichkeiten sind so viel größer als unsere und er kann möglich machen, was wir uns niemals auch nur in unseren kühnsten Träumen vorstellen könnten …

MEINE GEDANKEN – SAGT DER HERR – SIND NICHT ZU MESSEN AN EUREN GEDANKEN UND MEINE MÖGLICHKEITEN NICHT AN EUREN MÖGLICHKEITEN. SO HOCH DER HIMMEL ÜBER DER ERDE IST, SO WEIT REICHEN MEINE GEDANKEN HINAUS ÜBER ALLES, WAS IHR EUCH AUSDENKT, UND SO WEIT ÜBERTREFFEN MEINE MÖGLICHKEITEN ALLES, WAS IHR FÜR MÖGLICH HALTET.

JESAJA 55,8–10 GNB

Mein Kind!

Vertrau mir.
Ich werde dich nicht enttäuschen.
Ich habe etwas für dich,
das du jetzt weder sehen
noch dir vorstellen kannst.
Es wird anders sein als alles,
was zuvor war
und anders als alles,
was du dir jemals erträumt hättest.
Vertrau mir einfach.
Ich werde es gut machen.
Ich kenne deine Wünsche.
Ich kenne dein Herz.
Und ich weiß, was du brauchst
und was ich für dich habe.
Vertraue mir voll und ganz.
Komm mit deinem Schmerz
immer wieder zu mir,
dann werde ich dich trösten.
Und bis ich dir mehr zeigen kann,
vertrau mir dein Herz an.
Ich hab dich lieb.
Ich bin da.
Werd still.

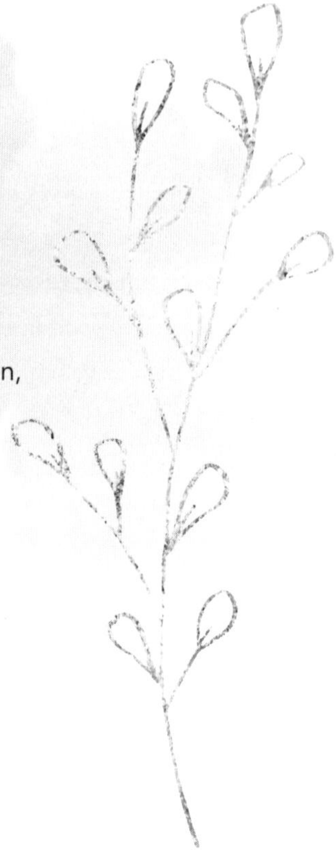

LASS LOS

Immer wieder höre ich deine Worte.
„Lass los."
Immer wieder will ich nicht hinhören.
„Lass los."
Ich will den Schmerz nicht spüren.
Und weil ich dir nicht zuhöre, nimmst du meine Hände in deine und löst langsam meine verkrampften Finger von dem, was ich so lange festgehalten habe. Weil ich mich schon so lange daran klammere, tut es mehr als nur ein bisschen weh. Es tut unendlich weh. Ein Schmerz, der nicht nur in meinen Fingern zu spüren ist, sondern sich in meinem ganzen Körper breitmacht.
Denn wenn ich leide, dann mit allem, was zu mir gehört.
Und dein „Lass los" lässt mich leiden.
Oder leide ich, weil ich nicht losgelassen habe, als du es sagtest? Hätte ich den Schmerz verhindern oder wenigstens mindern können?
Ich weiß es nicht. Und dafür ist es jetzt auch zu spät. Denn jetzt tut es eben weh. Und damit es nicht noch schlimmer wird, fange ich an zuzulassen, dass du meine Finger löst.

Du hilfst mir. Bist behutsam, reißt sie nicht einfach lieblos weg. Du willst mir nicht wehtun. Das habe ich schon selber geschafft, weil ich nicht zugehört habe.
Hingehört habe ich, ja, aber nicht zugehört.
Ich habe es verdrängt. Ich wollte nicht hören.

Es schien mir zu schmerzhaft.
Und jetzt tut es so viel mehr weh.

Ich lasse es geschehen.
Ich lasse es jetzt zu.
Ich höre hin und höre dir zu.
Ich lasse los.
So wie du es gesagt hast.
Und du sprichst Worte der Liebe und des Trostes zu meinem Herzen, während es vor Schmerzen innerlich schreit.

MEIN GELIEBTES KIND!

Ich weiß, dass du meine Worte nicht verstehst.
Ich weiß auch, dass du nicht loslassen willst.
Aber glaub mir doch, dass ich dein Bestes will.
Ich weiß, was gut für dich ist.
Und genau jetzt ist es eben gut, dass du loslässt, was du schon so lange festhältst.
Lass los.
Lass all das, was du festhalten willst, gehen.
Vertraue mir, dass ich mich darum kümmern werde.
Vertraue mir, dass ich dich versorgen werde, mit dem was du brauchst und dir wünschst, auch wenn ich dich jetzt darum bitte, genau das loszulassen.
Wenn dich die Trauer und der Schmerz einzuholen drohen, dann hebe deinen Blick auf zu mir.
Schau nicht zurück und denk nicht darüber nach, was hätte sein können.

Ich bin der Gott dessen, was sein wird.
Und ich kämpfe für dich.
Du musst nicht selber kämpfen.
Wenn du loslässt, übernehme ich das Schwert für dich.
Ich gehe vor dir her, räume aus dem Weg, was dich aufhält, und schütze dich, dass du nicht zu Fall kommst.
Gehe hinter mir her, tritt in meine Fußspuren.
Ich gehe dir voraus.
Und weil ich dir jetzt sage „Lass los", werde ich dir eines Tages sagen „Nimm an".
Wo du loslässt und mich kämpfen lässt, wird die Ehre für den Sieg auch mir gehören. So soll es sein.
Also warte in der Stille und ruh dein Herz in meiner Obhut aus, während ich den Kampf für dich kämpfe.
Der Sieg wird meiner sein und deine Freude groß.
Also lass los!"

Halte an deinem
Schmerz fest
oder werde glücklich.
Beides kannst
du nicht haben.

EINE KLEINE ÜBUNG

Augen zu.
Stell dir die ausgestreckten Hände von Jesus vor.
Er streckt dir seine offenen Hände hin.
Kannst du sie sehen?
Und jetzt nimm das, was dich nicht loslässt, was dir Angst macht, was dich gefangen hält, was dich unfrei macht, und lege es in seine Hände.
Kannst du sein ermutigendes Lächeln sehen?
Bei ihm ist das gut aufgehoben, was du da in der Hand hältst, und er will, dass du es loslässt und Freiheit bei ihm findest. Also trau dich, vertrau ihm und lass los.
Leg es in seine Hände.

VON DER FREIHEIT, LOSZULASSEN

Loslassen bedeutet nicht, dass Gott sagt: „So, jetzt komm damit klar." Nein. Er sagt: „Gib es mir." Er will deine Freiheit.

DER HERR IST NAHE DENEN, DIE ZERBROCHENEN HERZENS SIND, UND HILFT DENEN, DIE EIN ZERSCHLAGENES GEMÜT HABEN.

PSALM 34,19 LUT

Kennst du die Geschichte von Lot und seiner Frau (1. Mose 19)? Als sie die Stadt Sodom verlassen und Lots Frau auf das zurückschaut, was sie eigentlich hinter sich lassen soll, wird sie zur Salzsäule. Vielleicht geht es dir auch manchmal so: Du schaust zurück, hängst an der Vergangenheit fest, aber das hilft dir kein Stück dabei weiterzugehen. Im Gegenteil. Dieser ständige Blick zurück lähmt dich, hält dich fest an einem Ort, den du schon längst hättest verlassen, von dem du dich längst hättest befreien sollen. Schau nach vorne! Lass das Alte hinter dir. Lass dich nicht lähmen, dich nicht festsetzen und aufhalten. Geh vorwärts. Alles andere hält dich auf und macht dich unfrei.

CHRISTUS HAT UNS BEFREIT; ER WILL, DASS WIR JETZT AUCH FREI BLEIBEN.

GALATER 5,1 GNB

JESUS UND ICH

Meine Hände am Felsen

„Lass bloß nicht los", sagt mir mein Kopf.
In diesem Moment halte ich mich mit allen Gliedmaßen am Felsen fest, verkrampft, wie versteinert, damit ich nur ja nicht herunterfalle. Ich schaue nach oben und wünsche mir, dass du mir etwas zuwirfst, denn ich kann dich sehen. Und ich sehe deine vollen Hände. Aber wenn ich jetzt auch nur einen einzigen Finger lösen würde, dann würde ich gnadenlos in den Abgrund stürzen. Meine Hände sind gerade nicht frei. Nicht einmal für eine winzige Kleinigkeit. Ich könnte sie nicht auffangen, selbst wenn ich wollte.
Ich weiß, was du so alles an Gutem herunterwerfen kannst. In der Vergangenheit habe ich oft deine Liebe, deine Gnade, deine Freude, deinen Trost und vieles mehr auffangen dürfen. Aber ich hatte auch die Hände frei und konnte reichlich empfangen. Gerade sieht es allerdings so aus, als wenn du mir gar nichts zuwerfen willst, dabei sehne ich mich doch so sehr danach. Aber du weißt, was passieren würde, wenn ich meine Hände löste. Darum wartest du.
Und du bist da. Jeden weiteren Zentimeter, den ich nach oben klettere, bist du da. Du passt auf mich auf, dein Blick ruht auf mir. Du feuerst mich an und hilfst mir, nicht aufzugeben, auch wenn der Weg hinauf schwer ist und lange dauert.
Aber er lohnt sich.

Oben angekommen, sitze ich auf dem Felsvorsprung und genieße nach dieser beschwerlichen Reise den Ausblick.
Wahnsinn, was du alles geschaffen hast. Ich sauge diese Aussicht ein, und die wunderbar frische Luft, die mir beim Aufstieg manchmal etwas knapp wurde.
Aber jetzt ist alles gut.
Ich bin angekommen.
Und bald, ganz bald, wenn ich wieder zu Kräften gekommen bin, werde ich dir meine freien Hände wieder entgegenstrecken, denn der Aufstieg ist geschafft.
Meine Hände sind wieder frei.
Ich bin wieder aufnahmebereit und ich kann es gar nicht erwarten zu empfangen, was du schon die ganze Zeit in deinen Händen hieltest, um es mir zu geben.
Wie gut, dass du deine Geschenke nicht schon früher losgeschickt hast, denn sie wären an mir vorbei in den Abgrund gefallen und verschwunden, weil ich keine Hand frei gehabt hätte, um sie aufzufangen, sie zu empfangen, sie anzunehmen

Wenn du deine Hände freimachst von Altem, schaffst du Platz für etwas Neues.

Mein Kind!

Ich sehe dich und deine Not.
Kein Moment, den du in Sorgen verbracht hast, ist mir entgangen, denn ich war immer an deiner Seite.
Wenn dich Zweifel überkommen, ob ich dich trage, dann erinnere dich an die Tage, an denen du mir so nah warst, dass dich nichts und niemand aus meiner Gegenwart reißen konnte. So nah bin ich dir immer. Ob du das spürst oder nicht.
Egal, in welche Richtung du deine Hand ausstreckst:
Dort bin ich!
Egal, in welche Richtung du deinen Blick wendest:
Dort bin ich!
Ich bin überall um dich herum und ich lasse dich nicht los. Aber du musst loslassen, was dich daran hindert, unbeschwert durch diese Tage zu gehen.
Du bist mein geliebtes Kind und ich habe so viel Freude an dir. Mit offenen Händen stehe ich vor dir.
Leg alles hinein, was dich bewegt.
Und dann nehme ich es fort von deinen Schultern und deinem Herzen und breite meine Arme aus.
Komm und ruh dich hier aus.
Lass dich von meiner Liebe umfangen.
Ich bin hier!

NEIN, LIEBE FREUNDE, ICH BIN NOCH NICHT ALLES, WAS ICH SEIN SOLLTE, ABER ICH SETZE MEINE GANZE KRAFT FÜR DIESES ZIEL EIN. INDEM ICH DIE VERGANGENHEIT VERGESSE UND AUF DAS SCHAUE, WAS VOR MIR LIEGT, VERSUCHE ICH, DAS RENNEN BIS ZUM ENDE DURCHZUHALTEN UND DEN PREIS ZU GEWINNEN, FÜR DEN GOTT UNS DURCH CHRISTUS JESUS BESTIMMT HAT.

PHILIPPER 3,13–14 NLB

ERWARTE GUTES

Gott sagt zu dir: „Ich weiß, mein Schatz, ich war dabei. Und jetzt schau nicht wieder zurück. Gib es mir und schau nach vorne."

Hab eine Vision, träume! Häng nicht in der Vergangenheit und in dem fest, was du nicht bekommen hast und was dir passiert ist! Erneuere deine Vision! Hör auf, deiner Vision ein Limit aufzuerlegen, weil du nicht die nötigen Mittel hast. Manche von uns begraben ihren Wunsch irgendwo, wo er sie nicht mehr stört, nicht mehr belastet, nicht mehr erinnert. Sie wollen den Schmerz nicht spüren, der aufkommt, wenn sie sich an das erinnern, was sie sich einmal so

sehr gewünscht haben.
Heute ermutige ich dich, dich an deine Träume und Visionen für dein Leben zu erinnern. Sprich sie aus und sag sie Gott.
Akzeptiere, dass es in dem Moment wehtun mag, wenn du sie dir ganz bewusst wieder vor Augen führst. Und dann lass den Schmerz und die negativen Gefühle, die du damit verbindest, los. Behalte nur noch diese Vision, diesen Traum, den du mal vor Augen hattest. Bring ihn zu Gott. Setz dich auf Papas Schoß und sag:
„Papa, es tut weh, all diese enttäuschte Hoffnung wieder vor Augen zu haben. Aber ich muss dir erzählen, was ich mir damals so sehr gewünscht habe, denn ich wünsche es mir immer noch."
Sprich alles aus. In den buntesten Farben. Erzähl ihm, was dein Herz bewegt und wonach es sich sehnt. Und wenn das geschafft ist, lass ihn die Heilung in die Hand nehmen. Überlass ihm die Enttäuschung, die Bitterkeit der letzten Jahre, der verpassten Chancen, der Ablehnung, der verletzten Gefühle, der unerfüllten Wünsche, die sich wie eine harte Kruste um dein Herz gelegt hat. Überlass es ihm, sie zu entfernen.
Lass ihn diese Arbeit tun, damit du frei wirst. Und dann lass ihn dein Herz umhüllen mit Freiheit und Freude. Lass ihn dein Herz mit Leben und mit Träumen und Visionen für deine Zukunft füllen. Und dann geh gestärkt weiter auf deinem Weg.
Das Alte und das Vergangene hinter dir.
Das Neue und das Zukünftige vor dir.
Erwarte Gutes.

dankbar

&

zufrieden

PASST EUCH NICHT DEN MAẞSTÄBEN DIESER WELT AN.

RÖMER 12,2 HFA

Ich habe den Eindruck, dass ich todunglücklich und super unzufrieden mit meinem Leben sein müsste, wenn es nach einem Großteil der Gesellschaft ginge. Ich habe nicht das Ziel erreicht. Ich habe es (noch) nicht geschafft, einen Mann zu finden, der mein Leben zu einem andauernden Hollywoodstreifen macht. Und ich habe auch keine zwei immer perfekt gekleideten Kinder, keinen Golden Retriever und kein Vorstadthaus mit perfektem Garten. Eigentlich ist gar nichts in meinem Leben perfekt, wenn ich es mir genau ansehe.

Aber die Frage ist doch: Muss es das sein? Und wer legt diesen perfekten Maßstab eigentlich fest? Und muss ich mich wirklich, unter allen Umständen, daran orientieren? Ich denke nicht. Ich glaube eher, dass jeder Mensch eine ganz persönliche und individuelle Lebensgeschichte hat. Unser Leben ist nicht nach dem Baukastenprinzip zusammengesetzt, bei dem es nur gleiche Teile gibt, die man höchstens zu unterschiedlichen Zeiten flexibel einbauen kann, die aber am Ende eben doch alle gleich aussehen.

Ich glaube, dass unser himmlischer Vater so viel kreativer ist als jeder Film, der je in Hollywood gedreht wurde. Er als Regisseur unseres Lebens dreht keine Nullachtfünfzehn-Filme. Er gestaltet das Leben von jedem Einzelnen auf ganz einzigartige Weise. Genau so, wie er uns schon unterschiedlich geschaffen hat. Keiner von uns ist gleich. Keiner, nicht mal

Zwillinge (was ich immer noch ziemlich faszinierend finde). Und genauso verschieden sind auch unsere Leben. Unvergleichbar eben. Warum sollten wir also glauben, dass Gott nur baukastenartige Lebensläufe für uns bereithält?
Es mag sein, dass genau das uns herausfordert, weil wir bei anderen sehen, dass sie doch dieses scheinbar perfekte Leben haben. Und wir fallen gefühlt aus dem Rahmen, weil wir als alleinstehende Person nicht in diese Familie-Hund-Haus-Norm hineinpassen.
Dabei müssen wir das gar nicht. Wir könnten uns stattdessen über unser anderes und individuelles Leben freuen! Wir könnten anfangen, unseren Blick von dem zu lösen, was wir nicht haben und vermissen, und ihn auf all das richten, was da ist und für das wir einfach mal Danke sagen können, weil es uns geschenkt wurde.
Denn ein dankbares Herz fühlt sich gleich ganz anders an, wenn es die scheinbar perfekten Leben von anderen betrachtet, weil es erkennt, dass sein Leben einzigartig und gut ist, auch wenn es anders aussieht.
Und anders ist ja nicht unbedingt schlecht.
Es ist einfach anders!

JA, RICHTET EURE GEDANKEN AUF GOTTES HIMMLISCHE WELT UND NICHT AUF DAS, WAS DIESE IRDISCHE WELT AUSMACHT.

KOLOSSER 3,2 HFA

DANKE, DASS DU DER EINE BIST,

der mein Herz zum Strahlen bringt.
Danke, dass du DER EINE bist, der all meine Sehnsucht stillt. Der mich so gut kennt und so genau weiß, was ich brauche.
Der sich von mir finden lässt, wenn ich von Herzen suche. Der immer an meiner Seite ist, auch wenn ich das manchmal nicht spüre oder erwarte.
Der sich wünscht, dass ich frei, heil und ganz werde.
Der sich nichts sehnlicher wünscht, als in meinem ganzen Sein verankert zu sein und in mir und durch mich leben zu dürfen.
Der mir all das vergibt, was ich mir teils selber nicht vergeben kann.
Der mich in den Arm nimmt, der Tränen trocknet, die ich weine.
Der so unendlich liebt, dass es mein Fass ohne Boden, das niemand anderes füllen kann, zum Überlaufen bringt.
Der sich zu mir an den Brunnen setzt und mir lebendiges Wasser anbietet.
Der sich nicht abwendet, auch dann nicht, wenn ich mich abwende. Der mich nie so behandelt, wie ich andere behandle.
Der all das vereint, was sich mein Herz schon vom Tag meiner Geburt an ersehnt und erhofft.
Du bist der, der Frieden in mir stiftet.
Danke, dass du DER EINE bist.

JA, MEINEN FRIEDEN GEBE ICH EUCH – **EINEN FRIEDEN, DEN EUCH NIEMAND SONST AUF DER WELT GEBEN KANN.** DESHALB SEID NICHT BESTÜRZT UND HABT KEINE ANGST!

JOHANNES 14,27 HFA,
MEINE HERVORHEBUNG

GIB DICH ZUFRIEDEN!

Diesen Satz hast du bestimmt auch schon gehört. Und in unseren Ohren klingt er meistens negativ. Sich zufriedengeben klingt so, als ob man noch etwas Größeres hätte erreichen können, sich aber stattdessen mit dem Kleineren abfindet und aufhört, weiterzusuchen, weiterzuwachsen, nach mehr zu streben.
Auf eine gewisse Art ist das vielleicht auch so. Aber für mich hat dieses Wort schon seit Langem eine andere Bedeutung. Es bedeutet für mich nicht, dass ich aufhöre, mehr zu wollen. Es bedeutet für mich nur, ganz in diesem Moment zu sein. Sehen zu können, was vorhanden ist, und es als gut anzusehen, zufrieden sein zu können mit dem, was ich habe. Ich gebe das „Mehr-Wollen" damit nicht auf. Aber ich bin auch nicht unzufrieden mit dem, was ich habe. Ich glaube, wenn man das erreicht, dann kann man seine aktuelle Situation betrachten, z. B. seinen

Status als Single, und einfach sagen, dass es für den Moment so okay ist. Ich wünsche mir viel mehr solcher Momente, in denen ich sagen kann: „Ich bin zufrieden." Und ich wünsche mir Menschen in meinem Umfeld, die diesen Satz nicht falsch verstehen und dann sagen: „Wie, das reicht dir, mehr willst du nicht?"

Denn Zufriedenheit bedeutet nicht Stillstand und auch nicht, dass ich aufgegeben habe. Zufriedenheit ist einfach nur ein Ausdruck des Moments, in dem ich sage: „Es geht mir gut. So wie es jetzt ist, ist es gut. Trotz aller Sehnsüchte, die ich habe, trotz der Träume für meine Zukunft und trotz allem, was ich erhofft hatte schon längst zu haben oder zu leben, ist es gut. Ich bin zufrieden. Und habe Frieden darüber."

Ich glaube, Frieden über die eigene Lebenssituation zu haben, ist ein erstrebenswerter Zustand.

Und genau das verbinde ich mit dem Wort

ZU.FRIE.DEN

GIB DICH ZUFRIEDEN MIT DEM, WAS DU HAST, UND VERLANGE NICHT NACH ALLEN MÖGLICHEN ANDEREN DINGEN; DENN DAS IST VERGEBLICHE MÜHE UND JAGD NACH WIND.

PREDIGER 6,9 GNB

ANDERS AUSGEDRÜCKT …

Wenn man online nach Synonymen für das Wort zufrieden sucht, findet man eine ganz schöne Sammlung an Wörtern, die man anstelle des gesuchten Wortes benutzen kann. Mir fällt auf, dass viele dieser Synonyme sehr positive Worte sind wie glücklich, befriedigt, satt, genügsam, gesegnet, lebensfroh, leicht, sorgenfrei …

Wenn das also Zufriedenheit beschreibt, verliert dieses Wort für mich komplett seine negative Ausstrahlung. Wenn das Zufriedenheit ist, dann ist sie erstrebenswerter als irgendein anderer Zustand.

Jesus sagt: „Ich bin gekommen, damit sie das Leben haben und volle Genüge" (Johannes 10,10). Voll! Genug! Leben! Was willst du mehr? Gib dich zufrieden.

Zufrieden mit dem, was du hast, und dem, wer du bist!

Du hast selbst die Wahl, ob du zufrieden mit deinem Leben bist oder nicht. Diese Wahl nimmt dir keiner ab. Du kannst selbst bestimmen, wie du dein Leben sehen willst. Tatsächlich hast du das selber in der Hand.

Ich habe die Wahl, wie ich über meinen aktuellen Zustand, mein Leben, denke, wie ich es betrachte und wie ich mich verhalte. Das hat für mich alles mit dem richtigen Fokus zu tun. Wenn ich diesen nur auf das richte, was ich nicht habe, was schlecht oder gar nicht läuft, dann wird das definitiv mein Level an Zufriedenheit bestimmen.

JESUS UND ICH

Die Badewanne

Ich liege in einer Badewanne. Diese Badewanne ist gefüllt mit all dem Negativen meines Lebens: das, was ich noch nicht erreicht habe, die Lebensziele wie Ehemann und Kinder, die ich mit 40 längst abgehakt haben wollte, Projekte, aus denen nichts geworden ist, Menschen, die mich in meinem Leben bewusst verlassen haben, Chancen, die ich verpasst habe. All das Negative, das ich gerade in meinem Leben sehe und vielleicht sogar in der Zukunft erwarte, mischt sich zu einer Brühe aus Selbstmitleid. Warm, wohlig, umschmeichelt dieses Gemisch meinen Körper und ich lasse mich immer tiefer hineinsinken.
Nach einer Weile merke ich, dass es in der Badewanne immer kühler wird und es langsam Zeit sein könnte auszusteigen. Die Tür geht auf und Jesus kommt ins Badezimmer. Er hat ein total kuscheliges Handtuch dabei. So eins in Übergröße, in dem man komplett versinken kann. Ich betrachte Jesus, ich betrachte das Handtuch. Dann schaue ich auf dieses Gemisch aus Selbstmitleid, das mich umgibt, und entscheide mich, trotz sinkender Temperatur dort zu verharren. Ich verschränke sogar meine Arme, damit Jesus auch versteht, dass es mir hier gar nicht gut geht und ich nicht bereit bin herauszukommen. Ich will, dass er sieht, was ich alles auszuhalten habe und dass es nur normal ist, wenn ich unter all den Tragödien in meinem Leben leide.

Jesus hat – Gott sei Dank – sehr viel Geduld mit mir und versucht erneut, mich mit dem wunderbar flauschigen Handtuch und einem zu erwartenden guten und schon vorbereiteten Essen aus meiner Selbstmitleidsbrühe zu locken.
Jetzt liegt es an mir, was ich tue. Bleibe ich liegen und spüre immer mehr, wie es um mich herum kälter wird, wie ich mich immer unwohler in all dem fühle? Verharre ich in meinen negativen Gefühlen, weil ich mich selbst bedaure und weil ich will, dass das auch jeder mitbekommt? Oder nehme ich die Einladung von Jesus an, steige aus der Selbstmitleidsbadewanne aus, lasse mich von ihm in dieses wunderbar weiche Handtuch packen und an seinen gedeckten Tisch führen? Genau diese Wahl hast du. Du kannst in deinem Selbstmitleid versinken, nur das Negative sehen, dich auf das fokussieren, was nicht vorhanden ist und nicht funktioniert hat. Oder du nimmst Jesus' Einladung an und lässt dir aus dieser Badewanne, aus dieser negativen Einstellung heraushelfen und dich an einen Tisch führen, den er für dich persönlich gedeckt hat. Dort liegt alles bereit, was dich sättigt, was dich füllt, was dich zufrieden sein lassen kann. Wenn du es zulässt.

VOR DEN AUGEN MEINER FEINDE DECKST DU MIR DEINEN TISCH; FESTLICH NIMMST DU MICH BEI DIR AUF UND FÜLLST MIR DEN BECHER RANDVOLL. DEINE GÜTE UND LIEBE UMGEBEN MICH AN JEDEM NEUEN TAG.

PSALM 23,5–6 GNB

DAS JAMMERTAL

„Darf ich Gott denn nicht auch mal was vorheulen?“, fragst du jetzt vielleicht.
Aber klar darfst du das! Du darfst Gott mit allem die Ohren volljammern, was dich bewegt und bedrückt. Du darfst dich so richtig ausleben im Jammertal.
Aber wenn du fertig bist mit Jammern, ist eins ganz wichtig: Du musst das Jammertal wieder verlassen! Wenn du dort bleibst, wirst du alles von diesem Tal aus betrachten und alles von diesem Tal heraus angehen. Nicht mit Freude, nicht mit Dankbarkeit, nicht mit Zufriedenheit, sondern mit Jammerstimme. Dieser Unterton wird in allem bleiben, was du denkst, was du fühlst und natürlich auch in dem, was du tust.
Also kotz und heul dich so richtig aus bei Gott. Lass alles raus, was du ätzend findest, was so richtig kacke ist. Dann schließ die Tür zu diesem Jammertal und geh in dein Leben zurück. Genieße es, erfülle deine Aufgaben, hab Freude, sei dankbar, gehe in Gottes Berufung für dein Leben auf und lebe so eng und intensiv, wie du nur kannst, in der wichtigsten Beziehung deines Lebens:
in der Beziehung zu Jesus, zu Gott Vater und zum Heiligen Geist.

FREUT EUCH ZU JEDER ZEIT!
HÖRT NIEMALS AUF ZU BETEN.
DANKT GOTT, GANZ GLEICH **WIE EURE LEBENSUMSTÄNDE AUCH SEIN MÖGEN**. ALL DAS ERWARTET GOTT VON EUCH, UND WEIL IHR **MIT JESUS CHRISTUS VERBUNDEN** SEID, WIRD ES EUCH AUCH **MÖGLICH** SEIN.

1. THESSALONICHER 5,16–18 HFA,
MEINE HERVORHEBUNG

DIE AUSSICHT GENIESSEN

Ich sitze wieder mal in einem Café. Es ist spannend, die Leute zu beobachten, die sich hier treffen, aber auch diejenigen, die hier alleine sitzen. Ich mag es, dass sie offenbar nicht verzweifelt nach Gesellschaft Ausschau halten, sondern ihr Ding machen. Es lässt sie so zufrieden wirken.
Dieses Café scheint vor allem eine Anlaufstelle für junge Menschen zu sein und für Menschen, die arbeiten wollen, sich auf Prüfungen vorbereiten oder lautstark ihre Geschäftstelefonate führen. Dabei fällt mir ein Paar besonders auf. Die beiden werden schon um die 70 sein und sind sicher nicht hier, um ihren Geschäften nachzugehen.

Sie sitzen in zwei Ledersesseln nebeneinander und lesen einmütig ihre Zeitungen. Ihre Körper sind leicht einander zugewandt. Eigentlich könnte man meinen, beide wären mit ihrem eigenen Ding beschäftigt. Aber sobald auch nur einer von beiden den Kopf ein wenig zur Seite neigt, um dem anderen etwas mitzuteilen, ist der andere sofort da, kommt näher, schenkt Aufmerksamkeit, hört zu. Das passiert nicht nur einmal, sondern viele Male, während ich sie vom anderen Ende des Cafés aus beobachte.

Ich frage mich, was es wohl bewirken mag, dass ein Ehepaar, das vermutlich schon viele Jahre gemeinsam durchs Leben geht, immer noch so aufmerksam für den anderen ist? Ich finde das wunderschön und es lässt mich mehr und mehr wünschen, ebenfalls mit einem Partner an meiner Seite alt zu werden. Gemeinsam Dinge zu erleben, schwerere Zeiten zu durchkämpfen, einander Halt zu geben, sich so gut zu kennen, dass man im Restaurant sogar für den anderen bestellen könnte, weil man weiß, was er mag und was nicht.
Diese Szene und die dadurch entstandenen Gedanken könnten jetzt verschiedene Emotionen in mir hervorrufen.

Emotion Nummer 1 (**stöhnend, die Augen verdrehend, mit schmerz-verzerrtem Gesicht die Haare raufend**): „Oooooooooooh, wann werde ich denn wohl endlich jemanden treffen, mit dem ich so etwas erleben kann? Ich werde vermutlich niemals so lange mit jemandem zusammen sein können, um so eine tiefe und intime Beziehung zu entwickeln, wenn da nicht bald was passiert! Ich werde immerhin bald 40. Ach es macht mich traurig, das zu sehen und weiter darüber nachzudenken. Ich trinke besser schnell meinen Cappuccino aus und verlasse diesen Ort, der nur schmerzliche Gefühle hervorruft."

Emotion Nummer 2 (**faszininiert, mit einem Schmunzeln im Gesicht genießend, was ich dort sehe**): „Ach wie schön, das wünsche ich mir auch: diese Nähe, dieses scheinbar blinde Verstehen, dieses einmütige Genießen beim gemeinsamen Zeitunglesen. Jeder für sich und doch gemeinsam. Irgendwann werde ich das hoffentlich auch erleben … Ach Mist, jetzt habe ich das Paar so lange beobachtet, dass mein Cappuccino dabei kalt geworden ist!"

Welche dieser beiden Emotionen entspricht eher einer für dich typischen Reaktion auf solche Szenen? Und welche der beiden Emotionen würdest du gerne fühlen?

Solltest du normalerweise eher zur zweiten tendieren, dann kann ich nur sagen: „Herzlichen Glückwunsch!" Die Welt auf diese Art und Weise zu betrachten, nämlich mit einer positiven Erwartungshaltung und Zufriedenheit, tut dem Gemüt gut. Und es hilft eindeutig bei dem Vorsatz, das Leben als Single zu genießen, solange es eben dauert. Solltest du von deiner Natur her eher zur ersten Emotion neigen, dann ist das auch okay. Das ist eben deine Emotion, die ganz natürlich hochkommt. Aber ich möchte dich sehr ermutigen, nicht dort stehen zu bleiben und zu sagen: „So bin ich halt!" Ich wünsche mir für dich, dass du lernen kannst, solche Szenen aus einer positiven Perspektive heraus zu betrachten. Du könntest damit anfangen, den

Menschen zu gönnen, was du siehst, und dir dabei bewusst werden, was du dir selbst für deine zukünftige Partnerschaft wünschst, anstatt in Verzweiflung zu verfallen, weil der Traumtyp noch nicht in Sicht ist. Hirnforscher sagen, dass wir die Bahnen in unserem Gehirn neu trainieren können. Wir können gefestigte Wege neu anlegen und umlernen - nicht nur was unser Wissen, sondern auch was jahrelanges Verhalten betrifft. Auch wenn wir immer auf dieselbe Weise auf solche Szenen reagiert haben, können wir unser Verhalten ändern.

Dabei müssen wir uns bewusst werden, dass häufig zuerst nur negative Emotionen in uns hochkommen. Wenn uns das klar wird und immer stärker auffällt, können wir anfangen, diese negativen Emotionen ins Positive zu verändern. Zum Beispiel indem wir nicht mehr gleich von dem, was wir sehen, auf uns selbst schließen und unsere Gedanken nicht sofort um das kreisen lassen, was wir gerade nicht haben. Genießen wir doch einfach die Aussicht und fangen wir an, uns für die Menschen zu freuen, die schon gefunden haben, was wir uns auch wünschen.
Und wenn du das wirklich bewusst zu deinem neuen Verhalten machst, bin ich überzeugt, dass deine spontanen Reaktionen mit der Zeit automatisch positiver werden. Es mag zunächst anstrengend sein, weil es nicht intuitiv passiert, sondern wir uns bewusst dafür entscheiden müssen. Aber ich glaube fest daran, dass es sich lohnen und dir ein gutes Gefühl geben wird, wenn du mit positiven Augen (und Gedanken) durch die Gegend gehst und Szenen aus dem Leben anderer betrachtest.

Stell dir nur mal vor, dein zukünftiger Partner würde dich in einem solchen Moment von einem Sessel aus in eben diesem Café beobachten. Er wäre sicher eher angetan und würde einen zweiten Blick wagen, wenn du nicht wie ein Trauerkloß dasitzt, sondern mit einem Lächeln im Gesicht.

RICHTET EUCH NICHT LÄNGER NACH DEN MAẞSTÄBEN DIESER WELT, SONDERN LERNT, IN EINER NEUEN WEISE ZU DENKEN, DAMIT IHR VERÄNDERT WERDET UND BEURTEILEN KÖNNT, OB ETWAS GOTTES WILLE IST – OB ES GUT IST, OB GOTT FREUDE DARAN HAT UND OB ES VOLLKOMMEN IST.

RÖMER 12,2 NGÜ

BEI MIR SELBST ZU HAUSE SEIN

„Ich werde glücklich sein, wenn ..."
„Ich werde mit meinem Leben zufrieden sein, wenn ..."
Solche oder ähnliche Sätze hat vermutlich jeder von uns schon mal gedacht oder sogar ausgesprochen. Wenn wir diese eine Sache erst erreicht haben, wenn wir dieses eine Ziel erst verwirklicht haben, wenn wir die neuste Version unseres Handys gekauft haben, wenn wir an diesem ganz besonderen Ort endlich Urlaub gemacht haben ... und allen voran: Wenn ich erst den Mann fürs Leben gefunden habe - dann werde ich glücklich und zufrieden sein. Und zwar so, wie es am Ende eines jeden Märchens heißt: „Und sie lebten glücklich bis an ihr Ende."
Ja, so wird es gesagt. Und Sätze wie diesen hören wir, seitdem uns vorgelesen wurde oder wir fernsehen. Diese Aussagen prägen uns, sie formen unser Denken und unsere Erwartungen. Wenn uns dieses Lebensmuster überall vorgestellt und als das einzig wahre erklärt wird, dann glauben wir irgendwann auch daran. Und wenn unsere Realität dann nicht mit diesen Zitaten übereinstimmt, haben wir das Gefühl, dass etwas mit unserem Leben, am Ende sogar mit uns selbst, nicht stimmt. Das wiederum bedeutet, dass wir unmöglich glücklich oder zufrieden sein können.

Erst recht, wenn wir nicht das erreicht haben, was man scheinbar erreichen muss, um sich endlich „angekommen" zu fühlen. Auch das ist so ein Satz: „Ich will endlich ankommen." Wo denn eigentlich? Und was machst du, wenn du angekommen bist? Ist dein Leben dann vorbei oder geht es dann für dich erst so richtig los? Ankommen klingt für mich so, als ob ich mich niederlasse, mich einrichte und alles einstelle, was vorher an Bewegung und Wandel da war. Das mag meine eigene Interpretation sein. Aber warum ist „Ankommen" für viele Menschen eigentlich so wichtig? Vielleicht weil wir es nicht gelernt haben, bei uns selbst anzukommen. Oder weil wir uns nicht vorstellen können, bei uns selbst ein Zuhause zu haben, das man als vollwertig empfinden kann. Sind wir dauernd auf der Suche nach dem, was uns glücklich macht, weil wir dieses Glück nicht bei uns selbst finden können?
Ich persönlich glaube, dass wir ein Zuhause anzubieten hätten sowohl für uns selbst als auch für andere, wenn wir nur wüssten, wer wir sind und was wir zu geben haben. Dann wären wir nicht darauf angewiesen, es bei anderen Menschen zu suchen, sondern wir könnten sogar von dem, was wir haben, etwas abgeben. Und ich bin ziemlich überzeugt davon, dass auch das uns zufrieden machen kann. Unser Wert hängt nicht davon ab, ob wir in einer Beziehung leben. Unser Wert wurde mit unserer Entstehung schon gesetzt. Weil unser Schöpfer, unser Papa, uns wollte. Schon alleine dass er es so wichtig fand, uns auf dieser Welt zu sehen, sollte uns dankbar machen. Denn er liebt uns und er gibt uns Wert. Und wenn wir das verstanden haben, können wir auch anderen Wert und ein Zuhause geben.

ICH BEKENNE: DU BIST MEIN HERR UND MEIN GANZES GLÜCK! (...) DU, HERR, BIST ALLES, WAS ICH HABE; DU GIBST MIR, WAS ICH ZUM LEBEN BRAUCHE. IN DEINER HAND LIEGT MEINE ZUKUNFT. ICH DARF EIN WUNDERBARES ERBE VON DIR EMPFANGEN, JA, WAS DU MIR ZUTEILST, GEFÄLLT MIR. ICH PREISE DEN HERRN, DENN ER GIBT MIR GUTEN RAT. SELBST NACHTS ERINNERT MICH MEIN GEWISSEN AN DAS, WAS ER SAGT. ICH SEHE IMMER AUF DEN HERRN. ER STEHT MIR ZUR SEITE, DAMIT ICH NICHT FALLE. DARÜBER FREUE ICH MICH VON GANZEM HERZEN, ALLES IN MIR BRICHT IN JUBEL AUS. BEI DIR, HERR, BIN ICH IN SICHERHEIT. (...) DU ZEIGST MIR DEN WEG, DER ZUM LEBEN FÜHRT. DU BESCHENKST MICH MIT FREUDE, DENN DU BIST BEI MIR; AUS DEINER HAND EMPFANGE ICH UNENDLICHES GLÜCK.

PSALM 16,2.5–9.11 HFA

ZUR SELBEN ZEIT

Hast du eigentlich Angst vor folgender Frage? „Du wirkst so glücklich und zufrieden als Single. Willst du denn keinen Mann mehr haben?"
Dass ich zufrieden und glücklich mit meinem Leben bin und voll in meiner Berufung lebe und aufgehe, bedeutet nicht, dass ich alleine bleiben will und mir keinen Mann mehr wünsche.
Falls du befürchtest, wenn du dein Leben glücklich lebst, wäre kein Platz mehr für ein Gegenüber, möchte ich dich ermutigen, dich davon freizumachen. Wir können zufrieden und zur selben Zeit offen für eine Beziehung sein. Beides geht tatsächlich zusammen. Du musst deinen Wunsch nach Partnerschaft nicht opfern, um zufrieden zu sein. Du darfst zufrieden sein und gleichzeitig die Hoffnung haben, dass sich dein Beziehungsstatus irgendwann verändern wird!

DER WINTER IST VORBEI

DIE REGENZEIT LIEGT HINTER UNS, DER WINTER IST VORBEI!

HOHELIED 2,11 HFA

Spätestens wenn der Frühling anbricht, ist der Winter definitiv vorbei. Aber bildlich gesprochen leben viele von uns noch im Winter ihres Lebens als Single. Es ist kalt, es ist einsam, alles fühlt sich langsamer an, nichts geht vorwärts. Das Jahr hat sich dem Ende zugeneigt und es gab keine Veränderung, die man freudig allen Verwandten hätte mitteilen können, die seit Jahren bei jedem Familientreffen nachfragen, ob sich denn „privat" etwas verändert habe.
O ja, es gibt so einige Bereiche, in denen sich sicher etwas verändert hat. Nur in diesem speziellen leider nicht. Und das lässt uns den Winter oft noch etwas länger fühlen.

Manche von uns wünschen sich vielleicht sogar ganz bewusst, noch länger im Winter zu verweilen, denn sobald der Frühling anbricht und alles zu sprießen und zu blühen beginnt, scheinen sich auch die fröhlichen, händchenhaltenden, verliebte Blicke tauschenden Pärchen ganz plötzlich zu vermehren und einem an jeder Ecke zu begegnen. Im Winter tragen sie ihr Glück nicht so offensichtlich zur Schau und

man selbst hat es leichter zu sagen, dass es draußen ja eh zu kalt ist, um rauszugehen. So kann man sich an seinen Schutzort zurückziehen, an dem man nichts davon mitbekommt, was einen den eigenen Schmerz noch deutlicher fühlen lässt.
Aber – und zwar ganz bewusst in Großbuchstaben:

DER WINTER IST VORBEI!

Und wenn du es schon nicht fühlst, dann musst du dich selbst davon überzeugen, dass es so ist. Sprich deinem Geist gut zu und hilf deinem Herzen, das bereits gefroren war, um sich selbst zu schützen, aus dem Winterschlaf zu erwachen. Hilf ihm aufzutauen, damit es wieder zu blühen beginnt. Lass dich nicht von den glücklichen Pärchen abhalten. Lass dich lieber anstecken.
Denn auch wenn du nicht hast, was sie offensichtlich haben, hast du stattdessen vielleicht etwas, das sie nicht haben! Hast du darüber schon einmal nachgedacht?
Warum sehen wir so oft nur das, was andere haben, und was wir selbst nicht haben?
Warum fokussieren wir uns auf das, was fehlt? Ich wette mit dir, wenn wir unsere Blickrichtung ändern würden, wären wir glücklicher und zufriedener und hätten es leichter.
Und das wäre genau der richtige Boden, auf dem im Frühling Neues erblühen kann. Wenn du in diesem Boden guter Gedanken, in einem Bewusstsein der Fülle statt einem Gefühl von Mangel Samen pflanzt, dann kann etwas wachsen, das mit einer Wintereinstellung niemals hätte wachsen können.

Und das wünsche ich dir: dass Neues wachsen kann und du aus einem Bewusstsein der Fülle heraus säst, damit wunderschöne Dinge in deinem Herzen und in deinem Leben erblühen können. Also sprich es so laut aus, wie du nur kannst:

DER WINTER IST VORBEI!

leben

ICH ABER BIN GEKOMMEN,
UM IHNEN DAS LEBEN IN
GANZER FÜLLE ZU SCHENKEN.

JOHANNES 10,10 NLB

ICH LIEBE DIESES LEBEN!

Sogar in den stürmischen Zeiten kann ich sagen, dass ich es liebe, am Leben zu sein. Ja, manchmal spüre ich mich dann umso stärker. Ich mag Dinge, die schon ein bisschen abgeliebt aussehen: alte Häuser, alte Möbel, die man vielleicht schön aufgearbeitet hat, Strandgut am Meer, das angespült wurde und schon einiges hinter sich hat. Aber gerade das macht es besonders. Für mich haben Dinge, denen man ansieht, dass sie etwas hinter sich haben, einen besonderen Charme. Das soll nicht bedeuten, dass wir erst schön und spannend sind, wenn möglichst viele Stürme und Wüstenzeiten hinter uns liegen. Aber all diese Umstände prägen uns, formen uns, verändern uns und ich bin tatsächlich davon überzeugt, dass wir nichts zu erzählen haben, wenn wir nie durch etwas hindurchgegangen sind, das uns verändert hat.
Und so können die rauen Umstände unseres Lebens vielleicht zu wunderbaren Schätzen werden, durch die wir am Ende etwas an andere weitergeben können, was sie voranbringt. Vielleicht kann uns das Trost schenken, wenn wir durch die Wüste wandern. Vielleicht kann uns das Hoffnung geben, wenn wir dem Sturm entgegengehen.

Und vielleicht können wir dann annehmen, wie wir in den schweren Zeiten verändert wurden, weil es am Ende uns und anderen zum Besten dient, auch wenn wir es in dem Moment, in dem alles um uns herum tobt, nicht sehen oder uns überhaupt vorstellen können.
Dann rufe ich trotzig in den Sturm hinein:
„Ich liebe dieses Leben!"
Und was immer du mit mir machen wirst, Jesus, werde ich am Ende feiern und werde sagen, dass alles zu meinem Besten dient.
Du bist an meiner Seite.
Ich gehe nicht alleine.
Ich liebe dieses Leben.
Und ich liebe mich, mit allem was dazugehört.
Wettergegerbt, abgeliebt, dem Sturm standgehalten, der Wüste getrotzt. Weil es das wert ist, weil es danach weitergeht, weil auch in der Wüste Blumen wachsen, und weil auch ein Sturm etwas bewegt.
Ich liebe dieses Leben.

Genieße
Lebe
Erwarte
Träume
Augen auf
Hier und jetzt

Genieße die Phase, in der du dich befindest, **hier und jetzt.** Genieße die Umgebung, deine Wohnung, deine Stadt, das Land, in dem du lebst, **hier und jetzt.** Genieße die Menschen, mit denen du dein Leben teilst, **hier und jetzt.** Genieße das Leben, das dir gegeben wurde, und lebe es **hier und jetzt.**
Jetzt ist die Zeit.
Dies ist der Ort.
Wenn du immer in einer Art Warteposition bleibst und sich deine Gedanken nur um das drehen, was kommen könnte, um die Träume, die du erfüllt sehen möchtest, die Ziele, die du erreichen willst, die Veränderung, die du erhoffst, die Orte, an die du reisen möchtest oder wo du einmal hinziehen willst … dann könntest du möglicherweise das Leben verpassen, das du bereits hier und jetzt hast. Dann entgeht dir das Gute, das schon da ist, und die Menschen um dich herum.
Gib deine Warteposition auf.
Lebe!
Sei präsent im Hier und Jetzt. Sieh dich um. Erkenne, was du hast. Was du finden wirst, könnte dich überraschen. Das bedeutet nicht, keine Erwartungen mehr zu haben. Im Gegenteil.
Träume größer!
Erwarte mehr!
Aber eben nicht ausschließlich in der Zukunft, sondern im Hier und Jetzt. Achte auf die Wunder in den alltäglichen, gewöhnlichen Dingen.
Achte auf gewöhnliche Menschen, die dich überraschen können. Öffne einfach deine Augen und erwarte, etwas zu sehen.
Hier und jetzt.

So oft hast du mir gesagt:
„Alleine kannst du nicht glücklich sein."
Ich habe immer geglaubt, dass ich alleine
nicht vollständig bin.
Viel zu lang habe ich versucht,
mein Herz in dir zu finden.
Doch langsam geht mir auf,
Dass ich dich vielleicht
doch nicht brauch,
um glücklich zu sein.

Ich kann auch allein
und trotzdem nicht
einsam sein.
Ohne dich
finde ich mich
endlich.
Das Leben
gibt so viel mehr her
und das will ich alles
endlich sehen!

ALLEM BIN ICH GEWACHSEN DURCH DEN, DER MICH STARK MACHT.

PHILIPPER 4,13 GNB

Anfang des Jahres 2017 hatte ich den Eindruck, dass Gott mir zeigte, dass ich „entrümpeln" soll. Zunächst dachte ich, dass er wohl meine Wohnung meinte, denn da hatte sich über die Jahre so einiges angesammelt. Nach einiger Anlaufzeit war ich voll motiviert, Struktur in mein Umfeld zu bringen. Alles hatte ich am Ende des Jahres noch nicht organisiert und ausgemistet, aber ich war auf einem guten Weg.

Im Jahr darauf war ich beruflich so viel unterwegs, dass meine Gesundheit darunter litt. In dieser Zeit ernährte ich mich auch nicht besonders gut, weil das Leben auf Tour eine gesunde Ernährung nicht gerade erleichtert. Ich bin zwar sowieso nicht unbedingt als Salatliebhaberin bekannt, aber über mehrere Monate aß ich, was mir in den Weg kam, meist viel Süßes, ohne an die Konsequenzen für meinen Körper zu denken. Stress, das ständige Unterwegssein, ungesunde Ernährung - es ging mir nicht gut. Meinem Körper nicht und meiner Stimme nicht. Und gerade die brauchte ich ja, um meinen Lebensunterhalt zu verdienen.

Als mir bewusst wurde, dass ich etwas verändern musste, fing ich an, mich mehr mit dem Thema Ernährung zu beschäftigen, und entschied mich, meinem Körper eine Auszeit zu geben. In einer stressfreieren Zeit verzichtete ich auf jeglichen künstlich

hergestellten Zucker. Außerdem vermied ich Milch und Weizenprodukte. So entrümpelte ich nicht nur meine Wohnung, sondern auch mein Essverhalten und am Ende ging es mir wirklich besser.
Ich erzähle dir das, weil mich folgende Erkenntnis daraus total begeistert hat: Ich dachte immer, um gewisse Dinge in meinem Leben verändern und erreichen zu können, brauche ich einen anderen Menschen, der mich unterstützt, mich motiviert weiterzukommen, dranzubleiben. Aber das ist gar nicht so! Ich muss nicht darauf warten, dass ich endlich einen Mann in meinem Leben habe, der mir dabei hilft, meinen Zuckerkonsum in den Griff zu bekommen oder meine Wohnung auf Vordermann zu bringen. Ich kann das alleine, mit Gottes Hilfe. Also arbeite ich seit einiger Zeit daran, meine Essgewohnheiten zu verbessern. Auch die Art, wie ich über das Thema Plastik und Umwelt nachdenke, hat sich seit Gottes Aufforderung zu entrümpeln, verändert. Und das alles ohne einen Mann an meiner Seite.
Gott hat mir die Motivation und die Selbstbeherrschung geschenkt, all diese Punkte anzugehen. Er schenkte mir Freunde, die zwischendurch nachfragen, wie es läuft. Trotzdem gab es niemanden, der das aktiv mit mir durchgezogen hätte. Doch mit Gott an meiner Seite ist alles möglich. Auch das, was ich zuvor nie für möglich gehalten hätte, weil ich Schokolade in allen Variationen liebe!

Keine Sorge. Ich will hier keinen Ratgeber zu dem Thema „Wie kremple ich mein Leben um?" schreiben oder dir Tipps für ein gesünderes Leben geben (obwohl es sich lohnen würde, einmal darüber nachzudenken). Vielmehr will ich dich ermutigen zu sehen, dass du Ziele oder Veränderungen nicht aufschieben musst. Nur weil du dich einsam fühlst oder weil dein Ziel zu heiraten noch nicht erreicht ist, bedeutet das nicht, dass du nichts in Angriff nehmen oder in deinem Leben verändern könntest. Du kannst so vieles schaffen. Und zwar schon heute. Nutze die Zeit *jetzt*.
Tu *jetzt*, was dir auf dem Herzen liegt, und verschiebe es nicht auf den Zeitpunkt, wenn du endlich deinen Partner gefunden hast. Vielleicht beschäftigt ihn dieses Thema gar nicht und du musst es am Ende trotzdem alleine angehen ... Oder vielleicht hast du dann überhaupt keine Zeit mehr für große Veränderungsschritte, weil du zu beschäftigt bist mit deiner Beziehung, deiner Ehe, deinen Kindern ... Diese Zeit deines Lebens kommt nie wieder. Also warte nicht, setz Veränderungen jetzt in die Tat um. Mit Gottes Hilfe wirst du es auch alleine schaffen. Denn durch ihn bist du *allem* gewachsen.
Auch als Single (*zwinker*).

IN WELLEN

In Wellen kommen Gefühle auf mich zu.
Immer wieder überrollen sie mich.
Manchmal, wenn ich sie schon von Weitem sehe, kann ich mich vorbereiten. Ich kann mich schützen, mich in Sicherheit bringen oder mich in die richtige Position begeben, um ihnen mit Stärke entgegenzutreten.
Aber manchmal stehe ich mit dem Rücken zu ihnen, bin glücklich in dem Moment und total unvorbereitet.
Dann ist es umso schlimmer, von ihnen überrollt zu werden. Dann bin ich völlig überfordert und hilflos.
Für einen kurzen Moment scheint die Welt dann stillzustehen.
Die Angst, nie wieder aus dieser dunklen Umarmung entfliehen zu können und auf ewig in ihren Tiefen verloren zu gehen, macht sich breit.
In diesen Momenten schließe ich meine Augen.
Tief in mein Herz hinein frage ich:
„Bist du da? Bist du jetzt an meiner Seite?
Siehst du mich?"
Im ersten Moment höre ich nur das Rauschen um mich herum. Es scheint überall zu sein und mich zu verschlingen. Doch leise, fast unmerklich in diesem Tosen, höre ich deine Stimme: „Ich bin hier! Ich bin an deiner Seite! Ich sehe dich! Ich lasse dich nicht los! Komm mit mir, ich zeige dir den Weg heraus aus dem Dunkel, das dich umgibt. Nimm meine Hand."

Und plötzlich sehe ich sie ganz deutlich vor mir: umgeben von Licht, strahlend und stark. Nach einem kurzen Zögern ergreife ich deine Hand. Sofort werde ich herausgezogen aus dem Dunkel, das mich umfing, dem Tosen, das mich zu verschlingen schien, hinaus in die Freiheit, in helles Licht.
Es dauert einen Moment, bis ich mich gesammelt habe und erkenne, dass ich den Wellen, der großen Bedrohung, entkommen bin.
Ich lebe.
Ich bin nicht versunken, nicht verschlungen worden.
Ich lebe.
Und von jetzt an stelle ich mich dem, was mir Angst macht, was mich zu überrollen droht, mutig entgegen.
Ich schaue nicht mehr weg, verliere nicht mehr meine Deckung.
Ich bin mir bewusst, dass diese Wellen immer wieder kommen können und wahrscheinlich auch wieder kommen werden. Aber ich lasse es nicht mehr zu, dass sie mich überrollen. Ich stelle mich ihnen mutig entgegen, aufrecht, mit vorwärts gerecktem Kinn schreie ich in den Wind:
Ich lebe.
Ich habe keine Angst.
Ich lebe.
Und genauso soll es bleiben.

DIES HABE ICH MIT EUCH GEREDET, DAMIT IHR IN MIR FRIEDEN HABT. IN DER WELT HABT IHR ANGST; ABER SEID GETROST, ICH HABE DIE WELT ÜBERWUNDEN.

JOHANNES 16,33 LUT

JESUS UND ICH

Was wäre wenn?

Eines Tages, als ich alt geworden war und mein Leben sich dem Ende neigte, besuchte mich Jesus. Ich freute mich jedes Mal, wenn er kam. Heute jedoch hatte er etwas Besonderes mit mir vor: Er gewährte mir einen einzigartigen Blick auf mein vergangenes Leben. Ich durfte noch einmal die besonderen Momente durchleben und mich selber beobachten, wie ich durch die Jahre ging, wie ich mich veränderte, durfte nacherleben, mit wem ich mein Leben geteilt hatte und was mir wichtig gewesen war. Nach dieser Rückschau fragte Jesus: „Was siehst du, wenn du auf dein Leben blickst?"
Ich überlegte einen Moment, denn es waren so viele Eindrücke gewesen. Schließlich sagte ich: „Ich bin dir so dankbar, so unendlich dankbar. Erinnerst du dich noch an diesen einen Tag, als du mir die Frage gestellt hast?"
Jesus wusste sofort, welche Frage ich meinte. „Natürlich erinnere ich mich. Wie könnte ich diesen besonderen Moment in deinem Leben vergessen?!"
Ja, es war wirklich ein einschneidender Moment gewesen, der meinem Leben eine neue Ausrichtung gegeben hatte …

Damals war ich fast vierzig und hatte mich schon so lange mit der Frage herumgequält, wann ich endlich meinem zukünftigen Mann begegnen würde.

Ich sah schon alle Hoffnung auf eine Ehe verloren. Immer wieder belastete mich die Tatsache, dass ich noch alleine war, und ich fühlte mich unglücklich, nicht gewollt und wusste nicht so richtig, was ich mit meinem Leben anfangen sollte.
Für mich war schon immer klar gewesen, dass ich in meinen Zwanzigern heiraten und Kinder kriegen würde. Wir würden ein glückliches Leben als Familie führen und vielleicht sogar ein Haus kaufen. Ich hatte mir das alles so schön vorgestellt und war natürlich davon ausgegangen, dass es auch genau so kommen würde.
Als die Jahre ins Land zogen, ich immer noch nicht verheiratet war und auch keine Kinder hatte, wurde ich immer unzufriedener mit meinem Leben. Mein einziges Ziel war eine eigene Familie gewesen, und das hatte ich nicht erreicht. Hier war etwas gründlich schiefgelaufen. Ich musste irgendwas falsch gemacht haben, dass dieser Plan nicht aufgegangen war. Oder lag es doch schlicht und einfach daran, dass ich tatsächlich so uninteressant war, wie ich befürchtete?
Eines Tages ging ich mit Jesus am See spazieren und erzählte ihm von meinen Gedanken. Ich schüttete mein Herz bei ihm aus und ließ alles heraus, was mich traurig machte. Er sagte nicht viel, hörte aber sehr aufmerksam zu. Das mochte ich schon immer an ihm, dass er so ein guter Zuhörer ist und ich mich so unglaublich gesehen von ihm fühle. Hach, hätte ich doch nur einen Mann, der so wäre wie er … aber ich schweife ab!
Als ich zu Ende erzählt hatt entstand eine kurze Pause. Wir gingen weiter nebeneinander her und als wir an einer Bank vorbeikamen, schlug Jesus vor: „Komm, lass uns einen Moment hinsetzen."

Wir schauten auf den See, der von der Sonne beschienen vor uns lag. Alles wirkte so friedlich. Keine Menschen weit und breit. Und genau hier kam der Moment, an dem Jesus mir die Frage stellte.
„Stell dir vor, du bist am Ende deines Lebens angekommen und schaust auf alles zurück, was du erlebt hast. Was wäre, wenn du für den Rest deines Lebens alleine geblieben wärst, wenn kein Mann mehr gekommen wäre, du keine Kinder bekommen hättest? Was wäre dann?"
Der Schock, den diese Frage in mir auslöste, ist kaum zu beschreiben. Jesus formulierte das Schlimmste, das ich mir jemals für mein Leben vorstellen konnte! Dass sich nichts an meiner Situation änderte und alle meine Befürchtungen wahr wurden – das durfte nicht passieren! Wenn alles so käme, würde ich zurückblicken und schrecklich weinen. Es konnte gar nicht anders sein.
Ich erzählte Jesus, was ich fühlte und wie schrecklich diese Vorstellung für mich wäre. Aber Jesus wäre nicht Jesus, wenn er das nicht längst gewusst hätte und mit dieser Frage etwas erreichen wollte.
„Ich weiß, dass diese Vorstellung dir Angst einjagt", sagte er. „Aber ich will dich noch etwas fragen: Wovon hast du einmal geträumt und es dann nie in die Tat umgesetzt, weil du erst heiraten wolltest? Was hast du aufgeschoben oder bist es nicht angegangen, weil für dich klar war, dass du bald deinem Mann begegnen würdest? Bist du dir bewusst, dass ich dir wunderbare und einzigartige Gaben geschenkt habe und hast du sie in dieser Welt eingesetzt?"
Darüber musste ich erst einmal nachdenken. Denn schon so viele Jahre war es mein Hauptziel gewesen, den Mann meines Lebens zu finden.

Was ich mir vielleicht früher mal erträumt hatte, war extrem in den Hintergrund gerückt. Welche Wünschen waren da sonst eigentlich mal noch gewesen …?
Als ich eine Weile nachgedacht hatte, fiel mir nach und nach einiges ein. „Ich wollte früher immer große Reisen machen und die Welt sehen", erzählte ich Jesus. Das hatte ich verschoben, weil ich es natürlich mit meinem Mann erleben wollte. „Und ich wollte eigentlich mal eine Weiterbildung machen, in meine Gaben investieren und dann das Gelernte in der Gemeinde einsetzten. Aber ich dachte halt, dass ich das sicher immer noch tun kann, wenn unsere Kinder aus dem Haus sind und ich eine Beschäftigung brauchen würde." Je länger ich über alles nachdachte, desto klarer wurde mir, worauf Jesus hinauswollte.
„Ich habe den Eindruck, dass du dich so stark auf deinen zukünftigen Mann ausrichtest, dass du alles andere vergisst, das ich in dich hineingelegt habe", erklärte mir Jesus. „Deine Träume, deine Wünsche und die Visionen, die ich dir gab, hast du auf Eis gelegt und auf später verschoben. Es wird Zeit, dich daran zu erinnern, dass dein Später jetzt ist. Lebe dein Leben, komm aus dem Pausenmodus heraus, verschiebe deine Träume nicht länger. Gib mir deinen Wunsch nach einem Mann, lerne, mir zu vertrauen. Konzentriere du dich auf dein Leben. Konzentriere dich auf unsere Beziehung. Ich kümmere mich um alles andere. Wie wäre das?"

An diesen Moment erinnerte ich mich jetzt, als ich mit Jesus auf mein Leben zurückschaute. Warum? Weil er ein Wendepunkt gewesen war. Ich war Jesus so dankbar, dass er so ehrlich zu mir gewesen war und mir diese damals schmerzhafte Frage gestellt hatte.

Er hatte mich wirklich zum Nachdenken gebracht und ich hatte Schritt für Schritt meine Träume in die Tat umgesetzt und nicht mehr darauf gewartet, dass endlich ein Mann kam, mit dem ich sie zusammen verwirklichen könnte. Ich hatte damals erkannt, dass ich auch alleine bereits komplett und zu hundert Prozent wertvoll war. Dass ich auch alleine ganz viel schaffen und erreichen konnte, weil Jesus mich mit dem ausgestattet hatte, was ich dafür brauchte. Meinen Wunsch, mein Leben mit einem wunderbaren Mann zu teilen, gab ich deswegen nicht komplett auf. Aber er war nicht mehr der Mittelpunkt meines Lebens und mein einziges Ziel. Durch das, was ich lernte und endlich verwirklichte, wurde mein Leben so erfüllt, dass ich keinen Mann mehr brauchte, um ein glückliches und zufriedenes Leben zu führen. Und ich bin Jesus bis heute dankbar dafür, dass ich das lernen durfte!
Ob ich trotzdem noch geheiratet habe, fragst du dich jetzt? Das wäre wohl Stoff für eine andere Geschichte …

Feier das Leben mit allen
Höhen und Tiefen.
Du lebst nur einmal,
fang an zu genießen.
Sieh das Gute, werde dankbar.
Halte nicht fest an dem,
was vorbei ist.
Sei im Hier und im Heute.
Feier das Leben, denn du
lebst es nur einmal.

DAS LEBEN FEIERN

Mein vierzigster Geburtstag stand vor der Tür. Zeit, Bilanz zu ziehen.
Mein dreißigster Geburtstag war gut gewesen. Ich hatte es nicht schlimm gefunden, älter zu werden. Ich freute mich auf das nächste Jahrzehnt. Ich feierte groß und war gespannt, was das Leben noch bereithielt.

Vierzig zu werden, war da schon etwas ganz anderes. Ich war zehn Jahre weiter. Was hatte ich in den letzten zehn Jahren erreicht? Wo war ich vorangekommen? Wo war ich stehen geblieben?
Ein paar meiner Single-Freundinnen waren schon vor mir vierzig geworden und das oft mit sehr gemischten Gefühlen. So langsam wurde die Zeit knapp, wenn man noch eine Familie gründen wollte – zumindest nach menschlichen Maßstäben. Ich dachte darüber nach, wie ich diesen runden Geburtstag angehen wollte. Panisch, weil meine biologische Uhr tickte und noch kein geeigneter „Samenspender" in Sicht war? Oder gelassen, weil ich es eh nicht wirklich in der Hand hatte? Das war allein meine Entscheidung.
Ich liebe es, mir ein Motto für Anlässe auszudenken. Und ich entschied mich für die „gelassene" Variante.

Das Motto für meine Geburtstagsparty lautete schließlich:
„Das Leben feiern!"

Und genau dazu lud ich dann ein. Ich war einfach dankbar für die Menschen, die mit mir diesen besonderen Tag feierten und das Leben mit mir teilten. Und alles andere liegt eh in Gottes Hand.

NUR MUT, MEIN HERZ

Geh hinaus ins Leben und freu dich über das,
was du hast.
Freu dich auf das, was vor dir liegt.
Was du hinter dir lässt, ist jetzt nicht mehr wichtig.
Die Gegenwart zählt und die Zukunft wartet.
Nur Mut!
Ungewissheit ist nichts Schlechtes.
Und weil du nicht weißt, was kommt,
musst du dich auch nicht sorgen.
Schau auf das JETZT, schau dich um,
erkenne, wie beschenkt du bist.
Und dann geh hinaus.
Nur Mut!
Es wird gut werden.

ICH WÜNSCHE MIR FÜR DICH,
DASS DU ZU JEDER ZEIT
DEINES LEBENS
ZUFRIEDEN SEIN KANNST.
ZU JEDER ZEIT!
UMARME DIESE ZEIT, WIE
AUCH IMMER SIE BEI DIR
GERADE AUSSIEHT,
OB DU SIE MAGST ODER NICHT,
UMARME SIE.
UND ICH WERDE DICH IN DER
MITTE TREFFEN.
IN DER MITTE DER ZEIT, IN DER
DU DICH GERADE BEFINDEST.
ICH BIN GENAU HIER,
UND DAS WERDE ICH IMMER SEIN,
SO, WIE ICH ES IMMER SCHON WAR,
DURCH JEDE ZEIT HINDURCH,
DIE DU ERLEBT HAST.
ICH BIN GENAU HIER.
UND ICH WERDE DICH
NIEMALS VERLASSEN.
ICH LIEBE DICH!

Dein Jesus

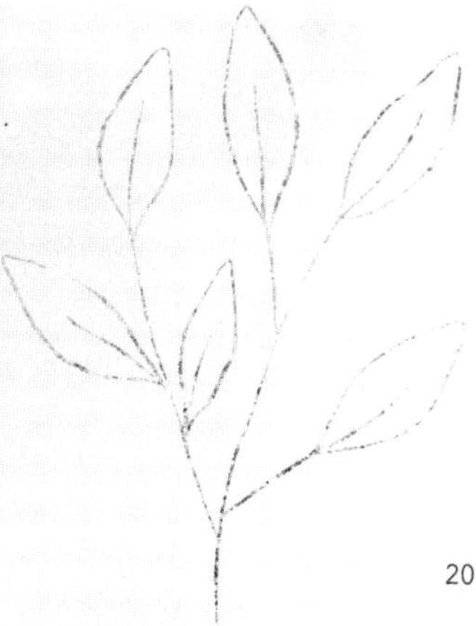

QUELLEN

Die Bibelstellen sind folgenden Übersetzungen entnommen:

Die Bibelstellen sind der Übersetzung Hoffnung für alle® entnommen, Copyright © 1983, 1996, 2002 by Biblica Inc.®. Verwendet mit freundlicher Genehmigung von 'fontis - Brunnen Basel. Alle weiteren Rechte weltweit vorbehalten. (HFA)

Gute Nachricht Bibel, revidierte Fassung, durchgesehene Ausgabe in neuer Rechtschreibung, © 2000 Deutsche Bibelgesellschaft, Stuttgart. (GNB)

Bibeltext der Schlachter Bibelübersetzung. Copyright © 2000 Genfer Bibelgesellschaft. Wiedergegeben mit der freundlichen Genehmigung. Alle Rechte vorbehalten. (SLT)

Neues Leben. Die Bibel, © der deutschen Ausgabe 2002 und 2006 SCM-Verlag GmbH & Co. KG, Witten. (NLB)

Lutherbibel, revidiert 2017, © 2016 Deutsche Bibelgesellschaft, Stuttgart. (LUT)

Bibeltext der Neuen Genfer Übersetzung - Neues Testament und Psalmen. Copyright © 2011 Genfer Bibelgesellschaft. Wiedergegeben mit freundlicher Genehmigung. Alle Rechte vorbehalten. (NGÜ)

Revidierte Elberfelder Bibel © 1985/1991/2006 SCM-Verlag GmbH & Co. KG, Witten. (ELB)

Seite 36: Zitat aus Bonhoeffer Brevier, Predigt über 1Kor 13,4-7, London, 21. Oktober 1934, Chr. Kaiser Verlag, München 1965.

Seite 48: Zitat einer Freundin.

Seite 65: Das Zitat von Maria Prean stammt aus ihrer Predigt vom 22.04.2018 in der Christengemeinde Freiburg e.V., www.youtube.com/watch?v=jFBhl_mMRAc, letzter Zugriff am 06.11.19.

Seite 81: Das Zitat stammt aus Rick Warrens Predigt zum Thema „Finding the Love of Your Life", Saddleback Community Church 2017.

Seite 103: Auszug aus dem Lied „Inmitten der Stürme".

Seite 118: Zitat aus einem Post von Instagram.

Seite 139: Die Liedzeilen stammen aus dem Lied „Jesus, du allein bist genug" von Albert Frey, Cary Buraty, Lothar Kosse © 1990 Praize Republic (verwaltet von Lothar Kosse).

Seite 148: Das Zitat stammt aus: „Und wenn sie nicht gestorben sind …". Drehbuch: Edward Kitsis, Adam Horowitz & Zack Estrin. Regie: Kari Skogland. Prod. Kathy Gilroy, Brian Wankum. Once Upon a Time in Wonderland. Folge 13. ABC Studios. USA, 2013-2014. Fernsehserienepisode.

Infos zu Lesungen und Veranstaltungen
mit Katja Zimmermann unter:
www.katjazimmermann.com

MIX
Papier aus verantwortungsvollen Quellen
FSC® C014138
FSC www.fsc.org

Bibliografische Information der Deutschen Bibliothek:
Die Deutsche Bibliothek verzeichnet diese
Publikation in der Deutschen Nationalbibliografie;
detaillierte bibliografische Daten sind im Internet
über http://dnb.ddn.de abrufbar.

Gesamtgestaltung und Satz: Tabea Siegel, Fürth
Lektorat: Anja Schäfer, Hamburg
Verwendete Schriften: Avenir Next, Nectar, Florentina
Aquarellzeichnung Cover und Innenseiten:
creativmarket.com, Lisima
Zeichnung Brunnen Seite 50:
vectorstock.com, AvaBitter
Foto Umschlag: © Yasmina Hunzinger
Gesamtherstellung: Finidr, s.r.o.
Printed in Czech Republic
ISBN 978-3-7615-6685-5

www.neukirchener-verlage.de